Patagonien

Patagonien

Hubert Stadler · Michael Allhoff

BUCHER

Modelliert in Jahrmillionen: die Versteinerten Wälder José Ormachea bei Colonia Sarmiento (oben) und der zerklüftete Granit des Cerro Torre (rechts).

Inhalt

Eine ungezähmte Natur: Unterhalb des Vulkans Osorno stürzen die gewaltigen Wassermassen der Saltos de Petrohué donnernd ins Tal (unten).

Eine eisige Front: Tagtäglich schiebt sich der riesige Eispanzer des Perito-Moreno-Gletschers etwa einen Meter in den Lago Argentino vor (rechts).

Die Abendsonne lässt die Felsnadeln des Cerro Torre und des Cerro Fitz Roy in sanftem Rot erglühen.

Valdivia
La Unión
Osorno
Puerto Montt
Ancud
ISLA GRANDE DE CHILOÉ
LOS LAGOS
San Carlos de Bariloche
Esquel
RÍO NEGRO
Viedma
Carmen de Patagones
BUENOS AIRES
Golfo San Matías
Puerto Madryn
PENÍNSULA VALDÉS
Trelew
Rawson
CHUBUT
Golfo Nuevo
Golfo Corcovado
ARCHIPIÉLAGO DE LOS CHONOS
Coihaique
Puerto Aisén
Comodoro Rivadavia
Golfo San Jorge
Caleta Olivia
Pico Truncado
PENÍNSULA DE TAITAO
Golfo de Penas
AISÉN DEL GENERAL CARLOS IBÁÑEZ DEL CAMPO
SANTA CRUZ
Puerto Deseado
Puerto San Julián
ISLA WELLINGTON
El Calafate
Puerto Santa Cruz
Puerto Natales
MAGALLANES Y DE LA ANTÁRTICA CHILENA
ARGENTINA
CHILE
Punta Arenas
ISLA RIESCO
ISLA SANTA INÉS
Strait of Magellan
Río Gallegos
Porvenir
ISLA GRANDE DE TIERRA DEL FUEGO
Río Grande
Ushuaia
Puerto Williams
ISLA NAVARINO
ISLA HOSTE
ISLAS WOLLASTON
CABO DE HORNOS
CAPE HORN
FALSO CABO DE HORNOS
ISLAS ILDEFONSO
PENÍNSULA MITRE
Estrecho de Le Maire

«Wenn ich die Bilder der Vergangenheit hervorrufe [...], merke ich, dass vor meinen Augen häufig die Ebenen Patagoniens vorüberziehen, die von allen als kümmerlich und nutzlos bezeichnet werden. [...] Warum hat sich dann, und das geht nicht nur mir so, diese dürre Einöde so tief in mein Gedächtnis eingegraben?»

Charles Darwin, 1834

Land am Ende der Welt

Patagonien ist immer noch ein Mythos: Schier unendliche Weiten ziehen all jene geradezu magisch an, die der Enge ihres Alltags entfliehen wollen.

Patagonien – Land der Legenden, Land am Ende der Welt. Noch bis vor hundert Jahren war dieses eine Million Quadratkilometer große Wunderland südlich des Río Colorado weitgehend *terra incognita*, Traum vieler ruheloser, von Sehnsucht erfüllter Abenteurer. *El Sur* – der Süden. Es gibt Gegenden, die eine besondere Faszination ausüben, Orte, die allein mit ihrem Namen unsere Phantasie anregen. Alaska zum Beispiel. Oder Samarkand, Kathmandu vielleicht. Patagonien jedoch, dieser Begriff ist mir, so lange ich mich erinnern kann, eine Metapher äußerster Fremde.

Da stand ich auf einer weiten Ebene vor der Estancia Río Penitente auf Feuerland und mein Blick irrte auf der Suche nach einem Anhaltspunkt inmitten der Einöde bis zum Horizont. Irgendwo unter dieser patagonischen Sonne, irgendwo zwischen Nahuel Huapí, Puerto Deseado und Kap Hoorn, dachte ich, musste die Freiheit noch grenzenlos sein. Es war bald Mitternacht, doch so nahe der Antarktis noch taghell. Der Wind heulte um die Hausecken und rüttelte an den Fensterläden. Das Landgut war, wie viele patagonische Estancias um die Jahrhundertwende, von walisischen Einwanderern gegründet worden. Viel gab es da nicht: ein gelb gestrichenes viktorianisches Herrenhaus, zwei niedrige Wellblechbaracken und einige Pinien und Zypressen im Hof, die einzigen Bäume im weiten Umkreis.

Señora Mariette Cruzat, ergraute Herrin über 12 000 Hektar Land, 8000 Schafe und dreißig *ovejeros* (Schafhüter), hatte mir einen Whisky auf Eis gereicht. Im Kamin knisterte das Feuer. Wir saßen auf geblümten Polstern unter weißen Spitzengardinen. Klaviermusik drang rauschend aus einem antiquarischen Holzlautsprecher. «John Field, ein Zeitgenosse Chopins», sagte die Señora. «Meine Schwester

Aus der blühenden Steppe am Lago Pehoe wachsen die wild gezackten Granitgipfel des Paine-Massivs fast 3000 Meter hoch in den Himmel.

Am einsamen Cabo Blanco nördlich von Puerto Deseado. Patagonien ist bis heute dünn besiedelt: Auf einer Fläche von der doppelten Größe Deutschlands leben weniger Menschen als in Berlin.

Die Küste der Halbinsel Valdés ist ein Refugium für zahlreiche bedrohte Tierarten (oben). In dem einzigartigen Naturparadies an der patagonischen Atlantikküste sind auch Flamingos zu Hause (rechts).

Ein Schiffswrack in der Nähe von Punta Arenas: Zahlreiche Seefahrer scheiterten auf der Fahrt durch die 600 Kilometer lange Magellanstraße – nicht nur, weil die Passage großes navigatorisches Geschick erforderte, sondern auch, weil orkanartige Stürme viele Schiffe stranden ließen.

hat die Schallplatte im Internet ausfindig gemacht.» Patagonien, dachte ich, das war auch die Offenbarung einer sonderbaren Gleichzeitigkeit von Vergangenheit, Gegenwart und Zukunft. Ob es ihr am Südende der Welt nicht langweilig werde, fragte ich. Nein, antwortete sie, es gäbe viel zu tun. Die Schafzucht sei ein hartes Geschäft. «Vor drei Jahren hatten wir einen eisigen Winter. Fünfhundert von unseren 8000 Schafen sind in den Schneewehen erfroren.» Im Tauwetter hätten die Gauchos den Tierkadavern auf der Weide mit Tränen in den Augen das Fell abgezogen, um zu retten, was noch zu retten war. «Dieses weite Land», meinte die resolute Señora zum Abschied, «verändert deine Art zu denken.»

Patagoniens «weißes Gold»

Am folgenden Tag begann mit Blöken und Hundegebell das Ritual, das den Reichtum Patagoniens begründet hat: *la esquila*, die Schafschur. Im schummrigen Licht der Stallbaracke der Estancia, groß wie eine Turnhalle mit Platz für Tausende von Tieren, beobachtete ich einen Gaucho, wie er ein Schaf beim Genick packte, unsanft auf die Hinterläufe setzte und in den Schwitzkasten nahm. Mit seiner freien Hand führte er den ratternden Scherkopf über den Bauch des Tieres. Auf und ab klapperten die Messer und mähten das Fell in dicken Lagen millimeterkurz ab. Es dauerte keine drei Minuten, da lag ein Haufen flauschiger Wolle auf den Bodenbrettern.

Die kalten und nährstoffreichen Meeresströmungen vor der patagonischen Atlantikküste bieten See-Elefanten und Seelöwen ideale Lebensbedingungen. Früher wurden die gutmütigen Tiere erbarmungslos gejagt. Seit sie unter strengem Schutz stehen, erholen sich allmählich die Bestände.

Wolle, das ist das «weiße Gold» Patagoniens, neben Erdöl und Tourismusdevisen der Reichtum des chilenischen und argentinischen Südens. 1833 hatten die Engländer auf den Falklandinseln vor der Ostküste Patagoniens ihre Fahne gehisst, und wenig später waren auch schon die ersten Schafe aus Schottland auf den kahlen, stürmischen Inseln eingetroffen. Von dort hatten sie rasch ihren Siegeszug durch Patagonien angetreten. Tausende von Tonnen Wolle, der Ertrag von fast 30 Millionen Schafen südlich des Río Colorado, in mannshohe Ballen zu 250 Kilo gepresst, werden noch heute über die Hafenstädte Punta Arenas und Buenos Aires nach Übersee verschifft. Doch Synthetikstoffe verdrängen zunehmend das Naturprodukt Wolle: Der Weltmarktpreis ist in den letzten Jahren extrem gefallen.

Tausende von Seelöwen und See-Elefanten tummeln sich an den menschenleeren Stränden der Halbinsel Valdés. Während die Weibchen und Jungtiere träge in der Sonne liegen, werden sie von den schwergewichtigen Bullen eifersüchtig bewacht.

In der Einsamkeit des Südens

«Warum verreisen?», fragte mich einer der Gauchos bei der Pferdekoppel der Estancia. «Der Wind bläst einem ja doch irgendwann den Rest der Welt vorbei!» Der alte Mann mit seinem von Sonne, Wind und harter Arbeit zerfurchten Gesicht hatte Humor. *Contra la*

Alljährlich kommen mehrere Tausend Wale in die stillen Gewässer vor Puerto Pirámides, um hier ihre Jungen zur Welt zu bringen. Die imposanten Meeressäuger stehen auch im Mittelpunkt wissenschaftlicher Forschungen: Ihre Gesänge werden ebenso untersucht wie ihr Paarungsverhalten und ihre Wanderrouten.

Die südlichen Anden (wie hier am Lago Pueyrredón) sind die Heimat des Kondors, der sich ausschließlich von frischem Aas ernährt. Der König der patagonischen Lüfte erreicht eine Flügelspannweite von 3,6 Metern und wiegt bis zu elf Kilogramm.

Zu den typischen Vertretern der patagonischen Tierwelt zählen die Guanakos, die beinahe schon vom Aussterben bedroht waren. Der größte Feind der scheuen Tiere ist der Mensch; in der Tierwelt haben sie nur den Puma zu fürchten.

soledad, wie er sagte: gegen die Einsamkeit. Der Rest der Welt, das mochte für den Schafhirten im Süden Patagoniens bereits Punta Arenas an der Magellanstraße sein. Oder Buenos Aires und Santiago de Chile – die Zivilisation eben. Dieser Gaucho kannte nur Patagonien: vom Río Colorado bis hinunter nach Ushuaia, von den Seelöwen- und Robbenkolonien an der stürmischen Atlantikküste bis nach Feuerland, von den Gletschern der Anden bis zu den Estancias inmitten einer menschenleeren Weite am Südzipfel Südamerikas.

Der Mann war klein und drahtig. Stofffetzen überzogen seine Reiterhose, die aussah wie ein Flickenteppich.«Ich lebe allein», sagte er, «ich bin mein eigener Herr.» Lässig zog er ein Messer aus dem Gürtel und schliff es in schnellen Strichen am Wetzstahl.

Der Patagonische Skunk, ein Vetter des nordamerikanischen Stinktiers, wird in der Dämmerung aktiv (oben).

Mit ihren langen und schmalen Flügeln sind Königalbatrosse ausgezeichnete Segler (Mitte).

Fortsetzung Seite 26

Vulkane haben die Landschaft im Lanín-Nationalpark (großes Bild) und im Valle Encantado geformt.

«Leben, atmen, glücklich sein»

Leben und Sterben der Ureinwohner Patagoniens

Die patagonischen Ureinwohner *waren primitive Jäger und Sammler, die in bewundernswerter Weise mit den kargen und unwirtlichen Verhältnissen ihrer Heimat umzugehen wussten. Über Jahrtausende entwickelten sich verschiedene Stämme von Wasser- und Steppennomaden in friedlichem Nebeneinander. Sie waren vor etwa 15 000 Jahren über die Beringstraße und Alaska eingewandert und lebten von der Jagd auf Guanakos und Ñandú-Strauße, auf Seelöwen und Robben sowie vom Fischfang. In den nördlichen Regionen Patagoniens, auf der pazifischen Seite der Anden, siedelten die Mapuche (siehe auch Seite 50); die große Feuerlandinsel war die Heimat der Onas und Haush und durch die weite Steppe zwischen der Andenkordillere und der Atlantikküste zogen die Tehuelche. Der Name* Tehuelche, *der sich aus den Mapuche-Wörtern* tehuel *(Süden) und* che *(Mensch) zusammensetzt, wurde den Steppenindianern im 18. Jahrhundert von jesuitischen Missionaren gegeben; sie selbst bezeichneten sich schlicht als Tsoneke (Menschen). Wie die Onas und die Haush, zu denen eine sprachliche und kulturelle Verwandtschaft bestand, jagten die Tehuelche mit Pfeil und Bogen sowie mit der* boleadora, *drei faustgroßen Steinkugeln, die sternförmig an Lederriemen zusammengebunden waren. Wassernomaden waren die Alacaluf, deren Stammesgebiet sich über die pazifische Inselwelt erstreckte, und die Yamana, die mit ihren Kanus in unabhängigen Fami-*

Mit primitiven Waffen und Werkzeugen wie Mörsersteinen lebten die patagonischen Ureinwohner jahrtausendelang im Einklang mit der Natur.

Die Ureinwohner auf einem Kupferstich aus dem 18. Jahrhundert (links) und auf einem Gemälde von José del Pozo, das zu Beginn des 19. Jahrhunderts entstand (unten).

Ritueller Tanz der Feuerlandindianer: Wenn Regen oder Schnee den Yamana wochenlang das Jagen erschwerten oder sogar unmöglich machten, entkleideten sich die Männer, rieben ihre Körper mit Tierfett ein und versuchten durch ihren Tanz, die Mächte der Natur gnädig zu stimmen.

lienverbänden durch das Labyrinth der Kanäle vor Feuerland kreuzten. Zum Schutz vor der Kälte trugen die Yamana Guanakofelle und rieben sich ihre Körper mit Tierfett ein. Während die Männer Jagd auf Seehunde und Pinguine machten, tauchten die Frauen in dem eisigen Meerwasser nach Seeigeln und Muscheln. Überlebenswichtig war für die Yamana ihr Feuer, das sie nachts in der Mitte ihrer Zelte ununterbrochen schürten und am Brennen hielten. Morgens trugen sie einige glühende Holzscheite in ihre Kanus. Während der ganzen Fahrt nährten die Yamana diese Glut sorgfältig auf flachen Steinen, um am Abend an einem neuen Lagerplatz das Feuer wieder auflodern zu lassen.

Den metaphorischen Reichtum und die Phantasie dieses Volkes überliefert das «Yamana-English Dictionary», ein Wörterbuch mit über 30 000 Begriffen, das der englische Feuerland-Missionar Thomas Bridges bis zu seinem Tod 1898 zusammengestellt hat. Der Eigenname Yamana bedeutete als Verb «leben, atmen, glücklich sein». Ich lebe, ich atme, ich bin glücklich: Kann man sich eine einfachere und umfassendere Umschreibung für das menschliche Sein vorstellen? «Monotonie» wurde als Abwesenheit männlicher Freude definiert und für «Verzweiflung» benutzten die Yamana ein Wort, das die empfindlichste Phase im jahreszeitlichen Zyklus der Krabbe beschreibt, wenn diese ihre alte Schale abgeworfen hat und darauf wartet, dass sich ein neuer Schutz bildet.
Das harte und entbehrungsreiche Leben der letzten Feuerlandindianer hat der deutsche Missionar Martin Gusinde in eindrucksvollen Fotos dokumentiert. Mank'acen, «Schattenfänger», nannten die Yamana Gusinde, der während seiner vier Reisen zwischen 1918 und 1924 insgesamt 22 Monate mit ihnen leben

und als erster und einziger Europäer sogar an ihren Initiationsritualen teilnehmen durfte. Gusinde scheute keine Strapazen, um das Leben und den Alltag dieser letzten überlebenden Feuerlandindianer zu erforschen und vor dem Vergessen zu bewahren. Heute sind die ursprünglichen Bewohner des patagonischen Südens ausgestorben. Als Pater Gusinde zum ersten Mal nach Feuerland reiste, lebten noch 600 Yamana, 1940 waren es lediglich hundert.
Der letzte überlebende reinblütige Yamana starb 1977. Ein Jahrhundert zuvor zählten die Yamana und Alacaluf noch über 8000 Stammesmitglieder.

Der Völkermord an den Ureinwohnern gehört zu den dunklen Kapiteln der patagonischen Geschichte. Die Jagd auf Robben und Seehunde an der Küste, die Goldsuche in Feuerland und die boomende Schafzucht wurden den India-

Die Ureinwohner Feuerlands lebten von der Jagd auf Guanakos. Das Fell der Tiere nutzten sie als Kleidung und als Wetterschutz für ihre Rundzelte (rechts).

Martin Gusinde lebte während seiner vier Forschungsreisen zwischen 1918 und 1924 insgesamt 22 Monate bei den letzten Feuerlandindianern. Der deutsche Missionar, der das Leben der Ureinwohner dokumentierte, wurde als einziger Weißer in ihren Stammesverband aufgenommen (oben). Mit einfachen Kanus aus Baumrinde durchstreiften die Familienverbände der Yamana als Wassernomaden die Inselwelt vor Feuerland (rechts).

Ein stolzes Volk, gebrochen durch die Zivilisation der Weißen: Viele Yamana-Kinder, die von Missionaren gegen ihren Willen in europäische Kleidung gesteckt wurden, verwahrlosten in Reservaten.

nern zum Verhängnis. Hinzu kamen Zivilisationskrankheiten wie Masern, Pocken, Grippe und Tuberkulose, die von den Weißen eingeschleppt worden waren und gegen die die Ureinwohner keine Abwehrkräfte besaßen. Vor allem aber waren die Ureinwohner den schottischen und englischen Schaffarmern, die Ende des 19. Jahrhunderts von den Falklandinseln einwanderten, ein Dorn im Auge. «Vermutlich wird sich Feuerland als sehr lohnend für die Schafzucht erweisen. Doch wird es als Kehrseite dieses Plans notwendig sein, die Feuerländer auszurotten», wurde im Sommer 1882 in einer Ausgabe der Londoner «Daily News» prognostiziert.

So geschah es dann auch: Zum Anlass nahm man die Schafdiebstähle der Indianer, die sich zuvor von Guanakos ernährt hatten und in den wolligen Vierbeinern aus Europa eine leichte und schmackhafte Beute entdeckten. Obwohl der Verlust für die Schaffarmer kaum ins Gewicht fiel, kam es zu regelrechten Hetzjagden: Für jeden getöteten Ureinwohner wurde eine Prämie von einem Pfund Sterling ausgesetzt.

Als Reaktion auf diese grausamen Vorgänge begann man im chilenischen Teil von Feuerland, die Ureinwohner auf die benachbarte Insel Dawson zu deportieren. Hier sollten sich Salesianer-Padres ihrer annehmen und sie zum christlichen Glauben bekehren. Doch das Unternehmen scheiterte: Die Nomaden, die das sesshafte Leben nicht gewohnt waren, vegetierten vor sich hin und wurden schließlich von eingeschleppten Krankheiten dahingerafft. Auf argentinischer Seite ging man rigoroser vor: 1877 beauftragte die Regierung General Juan Argentino Roca, das Land der Ureinwohner endgültig zu erobern. Der so genannte Wüstenfeldzug dauerte bis 1879 und beendete gewaltsam die Epoche der indianischen Herrschaft in Patagonien.

Der tiefste See Argentiniens: Schroffe Felswände aus Lavagestein umgeben die etwa 80 Kilometer südlich von Río Gallegos gelegene Laguna Azúl.

Eine Mondlandschaft auf Erden: Zu den einzigartigen Naturattraktionen Patagoniens zählen die Versteinerten Wälder bei Colonia Sarmiento, die nach ihrem Entdecker José Ormachea benannt wurden.

Es war dieser Gaucho mit krummen Reiterbeinen, der mich als Erster ahnen ließ, wo die Zivilisation endet und Patagonien beginnt. Er starrte mit einem unergründlichen Blick in die Ferne. Hinter diesen Augen, das spürte ich, drehte sich eine andere Welt. Ein Universum aus einsamen Nächten im Freien unter einem silberkalten Mond. Ein archaischer Kosmos, in dem Tieren im blutigen Aufblitzen der Messer die Kehle durchtrennt wurde. Ein erbarmungsloses Diesseits mit dem Geruch nach Pferden, Kaffee, Holzfeuer und gebratenem Fleisch. Am Sattelknauf seines Lastpferdes baumelten drei gehäutete Lämmer. Es war sein Proviant für zwei Wochen sprachlose Abgeschiedenheit bei den Rinderherden am Fuß der Anden, einen Tagesritt gen Westen. *«Soy vaquero»*, sagte er, *«donde voy, nadie me molesta.»* – Wohin ich gehe, kommt mir niemand in die Quere. Es klang stolz und es klang wie eine Drohung. Als er mir die Hand zum Abschied gab, ahnte ich: Sein Triumph in dieser rauen Wildnis, das war allein schon die Tatsache seiner bloßen, ungebrochenen Existenz.

Hund und Pferd sind für die Arbeit auf den großen Schaffarmen auch heute noch unersetzlich (oben). Nach der *esquila*, der Schafschur, kauern sich die kahl rasierten Tiere auf den Weiden zusammen, um sich vor dem unbarmherzigen Wind zu schützen (oben rechts).

«Road to nowhere»: Auf einer Länge von 4667 Kilometern führt die Ruta Nacional 40, hier bei Río Mayo, vom Norden in den Süden Argentiniens. Ein Viehrost markiert die Grenze riesiger Estancias am Rand der staubigen Schotterpiste.

Mit bis zu 180 Stundenkilometern fegen heftige Winde über Feuerland, denen sich die spärliche Vegetation zu beugen hat.

Mythos Patagonien

Ob in der weiten argentinischen Steppenlandschaft entlang der Atlantikküste oder bei den Fjorden und Gletschern der chilenischen Anden, die strenge Schönheit Patagoniens hatte mich unwiderruflich in ihren Bann geschlagen. Tagelang war ich auf der Ruta Nacional 40 gen Süden gerollt. Tausende von Kilometern auf Schotterpisten, die schnurgerade bis zum Horizont verliefen. Durch eine unermessliche braune Wüste aus Sand und Kies, durchsetzt von Dornenbüschen und Disteln, auf der nur ab und zu ein paar Schafe weideten. Im Rückspiegel verwehten weiße Staubfahnen im gleißenden Licht der südlichen Sonne. Am Himmel jagten weiße Wolken dahin und überholten meinen Wagen mit Leichtigkeit.

Drei Tage und drei Nächte fuhr ich, nur Schotter unter den Rädern, auf der Carretera Austral, der «Straße des Südens», durch großartige Landschaften – durch weite Täler, durch Wälder, die unter einer meterdicken Decke schwarzer Vulkanasche begraben lagen, vorbei an verwitterten Baumgerippen, die wie klagende Geisterwesen in den wolkenverhangenen Himmel fingerten, über sturmumtoste Bergpässe, in tiefgrüne, farnverhangene Urwälder bis an die stillen Ufer des Lago Buenos Aires, des riesigen azurblauen Bergsees an der Andengrenze zwischen Chile und Argentinien.

Eine Frau hängt Schafwolle am Zaun zum Trocknen auf: Das «weiße Gold», das einst den Wohlstand der Estancieros begründete, ist längst nicht mehr der Hauptdevisenbringer des Landes. Der Tourismus und die Erdölindustrie sind als wichtige Wirtschaftszweige neben die Schafzucht getreten.

Ausreichend Brennholz für den Winter zu hacken gehört auch zu den Aufgaben des *peón*, eines Landarbeiters, auf der Estancia Harberton in Feuerland.

Eine Estancia am Lago Pueyrredón: Anders als in der dürren Steppe, die nur die genügsamen Schafe ernährt, können die Estancieros am Ostrand der Anden Rinder halten. Während die Schaffarmer mit sinkenden Wollpreisen zu kämpfen haben, ist die Rinderzucht nach wie vor ein einträgliches Geschäft.

Nur gelegentlich war mir ein Gaucho begegnet, der auf seinem Pferd gemächlich von irgendwo nach nirgendwo trabte. Gesehen hatte ich eine urzeitliche Welt.

«Von meinem ersten Besuch an besaß diese südliche Erde, so karg und melancholisch, hohen Reiz für mich», hatte der argentinische Naturforscher Francisco Moreno im vergangenen Jahrhundert über Patagonien notiert. «Es lockte mich die Anziehungskraft des Unbekannten.» Seitdem berühmte Entdecker wie Fernando Magellan und Robert Fitzroy oder Freibeuter wie Sir Francis Drake ihren Fuß auf die patagonische Meseta gesetzt haben, hat die strenge Schönheit und unendliche Einsamkeit dieser Landschaft am Rand der Welt kaum einen Reisenden unberührt gelassen. Auch Charles Darwin war als junger Forscher von dem wilden Landstrich fasziniert. 1834 kehrte er nach fünfjähriger Segelreise an Bord der *Beagle* nach England zurück. «Wenn ich die Bilder der Vergangenheit hervorrufe», erinnerte sich Darwin, «merke ich, dass vor meinen Augen häufig die Ebenen Patagoniens vorüberziehen, die von allen als kümmerlich und nutzlos bezeichnet werden. Warum hat sich – und das geht nicht nur mir so – diese dürre Einöde so tief in mein Gedächtnis eingegraben?»

Naturgemäß bestimmen Fische und Meerestiere den Speisezettel an der Küste. Die fangfrische Ware wird auf den Märkten verkauft (oben), wo die Händler auch Seeigel im Angebot haben (links).

 Fortsetzung Seite 38

Einwanderer aus aller Herren Länder siedelten sich in Patagonien an, was sich auch in der kulinarischen Vielfalt des Landes niedergeschlagen hat.

Pioniere des Südens

Entdeckung und Eroberung der «finis terrae»

__Am 20. September 1519__ begann in der andalusischen Hafenstadt Sanlúcar de Barrameda bei Gibraltar eine der kühnsten Expeditionen des ausgehenden Mittelalters: Mit fünf Karavellen und 265 Mann Besatzung stach der portugiesische Seefahrer Ferdinand Magellan in See. Im Auftrag der spanischen Krone soll der Generalkapitän die Ost-West-Passage zu den Gewürzinseln Hinterindiens erkunden, einem der lukrativen Handelsparadiese der Alten Welt. Den östlichen Seeweg nach Indien rund um das afrikanische Kap der Guten Hoffnung hatte zwei Jahrzehnte zuvor Vasco da Gama für Portugal entdeckt. Doch mit der Entdeckung und Kontrolle einer Westroute hoffte Magellans Auftraggeber, Kaiser Karl V., Spaniens Hegemonie in Asien sichern zu können. Wenn die Erde keine Scheibe, sondern wirklich eine Kugel wäre – wenn diese kühne Spekulation einer Hand voll Kosmographen sich bewahrheitete –, dann musste man einfach nur weit genug in die entgegengesetzte Himmelsrichtung, gen Westen, segeln, um ebenfalls an das ersehnte Ziel zu gelangen.

Die Namen berühmter Seefahrer und Forscher sind mit der Entdeckung und Erschließung Patagoniens verbunden: Sir Francis Drake (1540 bis 1596), Charles Robert Darwin (1809 bis 1882) und Robert Fitzroy (1805 bis 1865; von links nach rechts).

Magellans Flottille erreichte nach zwei Monaten an der heutigen brasilianischen Küste die Neue Welt. Auf der Suche nach einer Durchfahrt zum Pazifik segelte Magellan immer weiter Richtung Süden und überwinterte bei Puerto

Ansicht von Mittel- und Südamerika auf einer Landkarte aus dem 16. Jahrhundert.

Allegorische Verherrlichung der Weltumseglung unter Ferdinand Magellan (kolorierter Kupferstich aus dem 16. Jahrhundert, rechts).

In 17 Tagen durchquerte Sir Francis Drake 1578 mit der «Golden Hind» die Magellanstraße (zeitgenössische Miniatur, unten).

San Julián an der rauen patagonischen Küste. Die Entdeckung des Seeweges nach Indien am Sankt-Ursula-Tag beschreibt Magellans Bordchronist Antonio Pigafetta: «Am 21. Oktober 1520 auf 52 Grad meridionaler Breite fanden wir eine Meeresenge, die wir 11 000 Jungfrauen tauften. Sie war begrenzt durch hohe Berge mit Schnee.» Cabo Virgenes, Kap der Jungfrauen, heißt heute noch das Felskliff an der Einfahrt zur Magellanstraße. Während die Seefahrer die Meerenge passierten, sahen sie über dem Land immer wieder Rauchwolken, die aus den Zelten der Ureinwohner aufstiegen. Als tierra del fumo, *«Land des Rauches», bezeichnete Magellan deshalb den äußersten Südzipfel der Neuen Welt, den Karl V. später in* tierra del fuego, *«Feuerland», umbenannte. Nach über vierwöchiger Kreuzfahrt durch ein Labyrinth aus Inseln und Kanälen hatte Magellan als erster Europäer die Wasserstraße zwischen dem Atlantik und dem Pazifik durchquert.* Mare pacificum, *«friedliches Meer», taufte er den Ozean, der bei gutem Wetter zufällig spiegelglatt bis zum Horizont vor ihm lag – nicht ahnend, dass er sich an einem der stürmischsten Gestade der Welt befand, wo Tausende Seemänner ihr nasses Grab finden sollten.*

Meutereien, Hunger, Skorbut und Kämpfe gegen Eingeborene auf den Philippinen, bei denen auch Magellan erschlagen wurde, dezimierten die Mannschaft. Nach drei Jahren kehrte nur die «Victoria» unter dem Kommando von Sebastián Elcano nach Spanien zurück. Die Erde ist doch eine Kugel, lautete die Bilanz dieser ersten Weltumseglung: Es gibt kein finis terrae, *kein Ende der Welt.*

In den folgenden Jahrzehnten segelten britische Freibeuter, allen voran Francis Drake, durch die südlichen Gewässer und kaperten spanische Handelsschiffe. Als Antwort auf diese britischen Scharmützel sandte die spanische Admiralität Sarmiento de Gamboa mit 23 Schiffen und 3000 Männern, Frauen und Kindern

1520 entdeckte der Portugiese Magellan (oben, auf einem Kupferstich von 1673) die heute nach ihm benannte Meeresstraße (Holzstich, um 1880).

Fünf Jahre, von 1831 bis 1836, dauerte die Expedition der *Beagle* unter dem englischen Kapitän Robert Fitzroy, an der auch Charles Darwin als junger Naturforscher teilnahm; hier das Schiff im Beaglekanal auf einem zeitgenössischen Aquarell.

Von den fünf Karavellen, mit denen Ferdinand Magellan 1519 zu seiner Weltumseglung in See stach, kehrte nur die *Victoria* unter dem Kommando von Sebastián Elcano nach Spanien zurück (Kupferstich aus dem 16. Jahrhundert).

nach Patagonien. Doch die bis dato größte Atlantiküberquerung stand unter einem schrecklichen Unglücksstern: Vier Schiffe mit 800 Kolonisten kenterten im Sturm und eine Epidemie forderte 600 weitere Menschenleben. Mit nur acht Schiffen erreichte Gamboa 1584 endlich die Magellanstraße, an der er die ersten beiden spanischen Siedlungen in Patagonien, Rey Don Felipe und Nombre de Jesús, gründete. Doch zwei patagonische Winter reichten aus, um die Kolonisten aufzureiben. Drei Jahre später fand der britische Korsar Thomas Cavendish in Rey Don Felipe nur noch Skelette vor. In Nombre de Jesús nahm Cavendish Tomé Hernandez an Bord seines Schiffes Delight of Bristol, *doch der letzte Überlebende des ersten Siedlungsversuches starb auf der Fahrt nach Europa.*

Die spanischen Kolonialherren unternahmen nun keine nennenswerten Anstrengungen mehr, das wilde Land im Süden zu besiedeln. Im Westen hinderten sie die kriegerischen Ureinwohner daran, im Osten wirkten sich wohl auch die fehlenden wirtschaftlichen Anreize als hemmend aus. Bis zur groß angelegten Besiedlung Ende des 19. Jahrhunderts war Patagonien vor allem das Ziel von Abenteurern, Missionaren und Forschungsreisenden. Zu den berühmtesten zählt Charles Darwin, der 1832 auf der Beagle *unter dem Kommando von Robert Fitzroy nach Südamerika reiste. Er hielt Patagonien jedoch für ein «Teufelsland» und die Bewohner für «Affenmenschen» – ein Verdikt, das den Vernichtungsfeldzügen gegen die Ureinwohner ungewollt ideellen Nährstoff bot.*

In das verschlafene Hafenstädtchen Puerto Natales verirren sich Touristen meist nur, um von hier aus in den Nationalpark Torres del Paine weiterzureisen.

Ausgesprochen geschäftig geht es für patagonische Verhältnisse in Trelew zu, das sich zum wirtschaftlichen Zentrum an der Atlantikküste entwickelt hat.

Mythos Patagonien: Patagonien ist wie eine große Verheißung, die Verheißung, der Reisende würde endlich irgendwo ankommen. Doch immer wieder entzieht sich die Erfüllung dieser Sehnsucht wie die Straße, die am Horizont verschwimmt und hinter jeder Kurve eine neue endlos lange Gerade birgt. Was bleibt, ist das Gefühl großartiger Freiheit zwischen Río Colorado und Kap Hoorn. Unendlich weit ist das Land, das Fernando Magellan und sein Chronist Antonio Pigafetta, als sie im Winter 1520 auf der ersten Reise um die Welt an einer trostlosen Küste gestrandet waren, Patagonien nannten. Historiker glauben, dass der Name von den riesigen Fußstapfen – *patagones* – der Tehuelche-Indianer stammt, die ihre Füße zum Schutz vor der Kälte mit Fellen umwickelten. Lange Zeit kursier-

Mit fast 100 000 Einwohnern ist Punta Arenas die größte Stadt im Süden Patagoniens. Viele Bauten zeugen noch von der Glanzzeit der Hafenstadt, die einst von der Schifffahrt durch die Magellanstraße profitierte (links).

Was den Japanern der Fujiyama, ist den Chilenen der Vulkan Osorno, dessen verschneiter Vulkankegel majestätisch den Lago Llanquihue, den zweitgrößten See Chiles, und das Dorf Ensanada überragt (oben).

ten in Europa Legenden, nach denen geheimnisvolle Riesen den Südzipfel der Welt bevölkerten – Vorstellungen, die in Dantes «Inferno» und Shakespeares «Sturm» ihren dichterischen Niederschlag fanden. Heute leben zwischen dem Río Colorado und Kap Hoorn nur noch wenige Nachfahren der Ureinwohner; die ursprüngliche Bevölkerung des patagonischen Südens ist gänzlich ausgestorben. Das Land gehört

heute den weißen Pionieren der Alten Welt, die vor 150 Jahren diesen letzten Winkel des amerikanischen Kontinents eroberten. Selbst in unseren Tagen ist Patagonien dünn besiedelt, statistisch gesehen von einem halben Einwohner pro Quadratkilometer. Tatsache ist: Auf einer Fläche von der doppelten Größe Deutschlands leben weniger Menschen als in Berlin.

Wie riesige Spinnweben überwuchern bizarre Flechtenvorhänge die Äste und Stämme in den Wäldern im Innern von Zentralfeuerland.

Eine üppige Regenwaldvegetation säumt das Ufer des Lago Yehuin, der mit seinen verschwiegenen Buchten zu den lieblichsten Regionen Feuerlands zählt (oben).

Grandioses Andenpanorama: Tiefrot leuchten im Herbst die Südbuchenwälder an den Hängen der Montanas de Traful in der Nähe von San Carlos de Bariloche (rechts).

Wer aus der Enge der Alten Welt nach Patagonien aufbricht, findet sich wieder in der Gegenwart einer archaisch-schönen Fels- und Steppenlandschaft, die sich vor Millionen von Jahren aus Feuer, Wasser, Wind und Eis erschaffen hat. Selbst die entferntesten Gestade sind heute kartographiert, aber es gibt Enklaven der Ruhe, Orte, an denen die Uhren langsamer gehen. Patagonien ist eine dieser Gegenden. Im ewigen Wechsel der Gezeiten branden die Wogen des Atlantischen und Pazifischen Ozeans an die einsamen Küsten dieses rauen Landes am Ende der Welt.

Einsame Fjorde, schneebedeckte Andengipfel: Blick über den Beaglekanal in der Nähe von Ushuaia.

Blühende Wiesen, dichte Wälder und die verschneiten Anden bei Esquel: In Patagonien findet man Landschaften, die an die Schweiz erinnern.

Südlich der Stille

Schneebedeckte Vulkane und dichte Wälder: das Seengebiet am Pazifik

Aus 8000 Metern Höhe sieht die Erde unter mir wie ein bunter Flickenteppich aus. Kobaltblau leuchten die Bergseen der Anden, smaragdgrün die chilenischen Regenwälder und blendend weiß die verstreut liegenden verschneiten Vulkane. Das Flugzeug schwebt über den Anden auf den Stillen Ozean zu. Steil tauchen wir ein in den Smog über Santiago de Chile und landen auf dem Flughafen der quirligen Millionenmetropole. Abgeschnitten von den Windströmungen des Pazifiks, brütet die chilenische Hauptstadt eingekesselt zwischen zwei Strängen der Kordillere unter einer Dunstglocke aus Abgasen. Ankommen und sofort weiterreisen, denke ich, in die Stille des Südens, dorthin, wo der Wind einem den Kopf freibläst. Doch ein bis zwei Tage Aufenthalt in Santiago sind nahezu unvermeidbar, sowohl um sich zu akklimatisieren als auch um noch die letzten wärmenden Sonnenstrahlen zu genießen. Denn je weiter die Reise gen Süden nach Patagonien führt, umso kälter wird es.

Chile, das sich von Arica im Norden bis Puerto Williams im Süden über 4500 Kilometer erstreckt, an seiner breitesten Stelle jedoch gerade einmal 390 Kilometer misst, dieses seltsame geografische Gebilde zwischen dem Pazifischen Ozean und der längsten Bergkette der Welt, fasziniert den Reisenden mit seinen landschaftlichen Kontrasten. So karg und flach sich die Grassteppe über Feuerland ausbreitet, so bizarr im Süden die Felsnadeln der Torres del Paine und des Cerro Castillo in den Himmel ragen, so lieblich präsentiert sich das Land der Seen, Regenwälder und Vulkane 600 Kilometer südlich der Landeshauptstadt.

Zwischen der Pazifikküste und den Anden windet sich die Panamericana, eine der Traumstraßen der Welt. Sie kreuzt Santiago de Chile und endet erst Tausende von Kilometern weiter südlich in Ushuaia – eine Schotterpiste durch dichte Regenwälder und grandiose Gebirgslandschaften. Ich halte hinter der Hafenstadt Puerto Montt. Schwere Lastwagen, beladen mit gefällten Urwaldriesen, stehen auf dem staubigen Parkplatz vor einem Straßenrestaurant. Die Luft ist rauchgeschwängert. In großen Lehmöfen prasselt das Holzfeuer für die Tagesration an *empanadas*, gefüllten Teigtaschen mit Huhn, Rinderhack oder Gemüse.

Die meisten Pferde in Patagonien sind *criollos*, Abkömmlinge der Pferde, die die spanischen Eroberer mit ins Land brachten und die in der Pampa verwilderten (Mitte). Indianisches Erbe: Etwa 500 000 Mapuche leben heute noch im chilenischen Seengebiet (unten).

Stiller, wilder chilenischer Wald

«Unter den Vulkanen, vor den Schneebergen, zwischen den großen Seen – der wohl riechende, der stille, der wilde chilenische Wald», schwärmt der chilenische Dichter Pablo Neruda in seiner lyrischen Autobiografie «Confieso que he vivido» – «Ich bekenne, ich habe gelebt» – von den Regenwäldern seiner Heimat. «Es ist eine senkrechte Welt: ein Volk von Vögeln, Massen von Blättern. Weiter laufe ich in einem Wald aus Farnen, die viel höher sind als ich: 60 Tränen fallen aus ihren grünen kalten Augen auf mein Gesicht und noch lange zittern ihre Fächer hinter mir.»

Fortsetzung Seite 53

Einen reizvollen Kontrast bildet der gelbe Stechginster zum schneebedeckten Gipfel des Osorno, der als das Wahrzeichen der chilenischen Seenregion gilt.

Majestätisch überragt der verschneite Kegel des Vulkans Villarrica den gleichnamigen See.

Mapuche – die «Menschen der Erde»

Das Ochsengespann wird bis heute als beliebtes, weil geländegängiges Transportmittel benutzt.

Die Töpferkunst der Mapuche ist das Vermächtnis einer uralten Kultur.

Mapuche, Menschen (che) der Erde (mapu), *nannte sich das stolze und kriegerische Bauernvolk, das einst zwischen dem Río Bío Bío und dem Vulkan Osorno lebte. Heute sind es noch etwa eine halbe Million Mapuche, die das Gebiet der chilenischen Seen und die Insel Chiloé bewohnen. Sie bilden damit nach den Quechua und Aymara der Zentralanden das drittgrößte Volk der südamerikanischen Ureinwohner.*

Gegen Ende des 15. Jahrhunderts dehnte der Inkahäuptling Wayna Qhapaq sein Imperium bis

ins südliche Chile aus. Doch der Widerstand der Mapuche war so stark, dass die Inkas ihre Südgrenze in das Gebiet der heutigen chilenischen Hauptstadt Santiago zurückverlegen mussten. Araukaner, «tapferes Volk», hießen die kriegerischen Ureinwohner seitdem bei den Inkas. 1541 begann die Eroberung des Mapuche-Gebiets durch die spanischen Konquistadoren unter der Führung von Pedro de Valdivia. Nach schweren Kämpfen unterjochten die Spanier zwar die Mapuche, doch schon vier Jahre später wurde Valdivia als erster Gouverneur Chiles von ihnen vernichtend geschlagen und im Gefecht getötet. Ein zermürbender, für die Spanier verlustreicher Guerillakrieg der Mapuche gipfelte 1598 in dem Sieg bei Curalabá über die Truppen des zweiten Gouverneurs von Chile, Martín de Loyola. Sieben spanische Siedlungen, darunter Concepción, Villarrica, Valdivia und Osorno, wurden zerstört. Die Spanier zogen sich daraufhin nach Norden zurück.

In ihrem Freiheitskampf übernahmen die Mapuche als erstes Volk Südamerikas von den Spaniern das ihnen bis dahin unbekannte Pferd. Bereits 1560, zwanzig Jahre nach der Ankunft der spanischen Soldaten, hatten die Ureinwohner den Umgang mit den Reittieren meisterhaft erlernt. Durch Zucht und Diebstahl bei den weißen Eindringlingen vergrößerten sie ihre Herden. Um 1600 sollen die Mapuche bereits zehnmal so viele Pferde wie die Spanier besessen haben. 1641, im Parlament von Quillín, wurde das Land südlich des Río Bío Bío offiziell den Ureinwohnern zugesprochen. Es war das erste friedliche Zusammentreffen von Mapuche-Häuptlingen samt ihrer Gefolgschaft mit spanischen Soldatenführern und Missionaren. Im 17. Jahrhundert fanden mehrere dieser parlamentos (Aussprachen) statt. Es waren mehrtägige, pompöse Feiern unter freiem Himmel, bei denen neue Friedensverträge ausgehandelt wurden. Unterbrochen nur durch einzelne längere Friedensperioden, blieb la frontera, das Grenzland, jedoch drei Jahrhunderte Schauplatz eines grausam geführten Krieges. Erst nachdem sich am 1. Januar 1885 der letzte Häuptling der Mapuche ergeben hatte, erlangte die chilenische Regierung die Hoheit über das Land zwischen Río Bío Bío und Río Toltén. Das Gebiet wurde als «menschenleeres Land» eingestuft, enteignet und mit Einwanderern besiedelt, die Mapuche auf weniger als einer halben Million Hektar Land zusammengepfercht. Sie erhielten vom Staat reducciones, Reservate von wenigen Hektar Fläche pro Person. Titulos de merced – Gnadentitel – hießen die Urkunden für das Land, das ihnen einst ganz gehört hatte.

Die Mapuche-Frauen trugen einst kostbare Silbergeschmeide, deren Größe den sozialen Rang der Trägerin anzeigte (links).

Die Rituale der Mapuche werden seit alters her von den rhythmischen Trommelschlägen der Schamaninnen begleitet (oben).

Die kunsthandwerkliche Tradition der Mapuche ist noch immer lebendig. Viele Frauen verstehen sich auf das Weben von farbenfrohen Decken, die altüberlieferte Symbole aus der Mythologie zieren.

Pablo Neruda war fasziniert von der Schönheit der Landschaft rund um seine Heimatstadt Temuco, die in seinen Kinderjahren noch eine Grenzsiedlung zu Chiles wildem Süden war: «Wer den chilenischen Wald nicht kennt, kennt diesen Planeten nicht. Von dieser Erde, diesem Lehm, von dieser Stille bin ich ausgezogen, um zu singen für die Welt.» Doch der chilenische Wald ist heute gefährdet: Tagtäglich fallen etwa 450 Hektar Dschungel den Kettensägen der Holzfäller zum Opfer. Im Hafen von Puerto Montt türmen sich Berge von klein gehacktem Holz drei Stockwerke hoch in den Himmel und verstellen den Blick auf das Meer. Was als fingergroße Chips von den in Kolonnen anrollenden Kippladern rauscht, waren einst mächtige, teilweise jahrhundertealte Urwaldriesen. In Asien bringt das Holz, zu Zellstoff verarbeitet, hohen Profit. Im Auftrag japanischer Konzerne holzt die chilenische Firma Forestal del Sud wie ein riesiger

Eine Flussoase am Andenrand: das vom Río Limay geschaffene Amphitheatro bei San Carlos de Bariloche (links). Wie in den Zeiten der Pioniere: Für die harten Wintermonate ist in den Bergregionen ein ausreichender Vorrat an Brennholz unentbehrlich (unten).

Reißwolf die letzten Regenwälder der südlichen Hemisphäre bei Puerto Montt und auf der Nachbarinsel Chiloé ab. Vom Aussterben bedroht sind fünfzig Baumarten, darunter auch die seltene Araukarie. Selbst den Sicherheitskräften im Hafen scheint es angesichts des Ausmaßes der Zerstörung mulmig zu werden: «Es ist sicher eine gute Einkommensquelle», sagt ein Uniformierter, «aber wir sägen uns selbst den Ast ab, auf dem wir sitzen.» Für einige wenige ist es das große Geschäft – ein Geschäft auf Zeit. Denn wenn der *clear-cut* fortschreitet, gibt es den chilenischen Wald bald nicht mehr.

Für europäische Besucher scheinen die Uhren in Patagonien langsamer zu gehen; von Hektik ist auch in den Orten der chilenischen Seenregion nichts zu spüren.

Szenen aus dem Alltag: Schüler in Puerto Varas, eine Kräuterfrau der Mapuche, ein Fischer am Lago Villarrica, eine Verkäuferin in Pucón und eine Familie beim Bootsausflug.

Etwas Zuckerwatte zum Naschen, bevor man auf dem Lago Nahuel Huapí die Möwen füttert: Der riesige Gletschersee bei San Carlos de Bariloche gehört mittlerweile zu den bevorzugten Ferienzielen der Argentinier (rechts).

Nostalgie pur: Im Hotel Ensenada wird wie in alten Zeiten eingeheizt (oben).

Am Lago Nahuel Huapí findet man noch einen dichten Myrtenwald (rechts).

Die Zukunft des ökologischen Tourismus

Ein chilenischer Regierungsvertreter gibt unumwunden zu, dass in der Vergangenheit unverantwortliche ökologische Fehler begangen wurden. «Schon vor hundert Jahren brannten die ersten Siedler flächendeckend riesige Waldgebiete ab, um in die Wildnis vorzudringen. Die Brandrodung war die einfachste Methode, das Hinterland zu erschließen.» Mittlerweile habe man jedoch aus den Fehlern gelernt. Statt sich auf Holz als Hauptexportgut zu konzentrieren, wolle man künftig dem Tourismus als Wirtschaftsfaktor mehr Beachtung schenken. Intelligent organisiert, müsse dies nicht zwangsläufig im Gegensatz zu den Interessen der Umweltschützer stehen. Schon jetzt steige die Zahl jener Chilenen, die in dieser «sauberen» Industrie Arbeit fänden, sei es als Bergführer, Hotelier, Zimmermädchen, Reiseveranstalter oder Koch. Patagonien erwacht aus seinem Dornröschenschlaf – und wird gesellschaftsfähig! Denn seit sowohl Argentinien (1982) als auch Chile (1989) nach qualvollen Jahren der Diktatur die ersten demokratischen Wahlen feierten, wird der Südzipfel Südamerikas als Reiseland zusehends beliebter. «Unsere Zukunft», weiß der Regierungssprecher, «liegt in einem ökologisch sanften Tourismus.»

Im Nationalpark Nahuel Huapí können sich Naturfreunde und Wanderer über ungezähmte Gebirgsflüsse, dichte Wälder und eine artenreiche Flora freuen.

Mutprobe für Extremsportler: Beim Canyoning in der Nähe des Lago Todos los Santos sind starke Nerven und eine gute Kondition gefragt.

Schöner als am Bodensee

Südlich des Río Bío Bío bis zum Golf von Reloncaví erstreckt sich zwischen den schneebekrönten Gipfeln der Anden und der Pazifikküste die so genannte «Chilenische Schweiz». Diese Region, die die Städte Temuco und Puerto Montt im Norden und Süden begrenzen, gehört zu den wohl schönsten Seengebieten der Welt: Zwanzig Seen liegen teils verschwiegen in den Tälern der Andenkordillere, teils inmitten dichter Regenwälder. Der Haussee von Puerto Montt ist der Lago Llanquihue, der anderthalbmal so groß ist wie der Bodensee. Dieser Vergleich liegt nahe, denn auch die Städtchen an seinem Ufer könnte man leicht mit Orten im Voralpengebiet verwechseln – wäre da nicht der mächtige Vulkankegel des Osorno (2680 Meter), der sich an windstillen Tagen im glatten Wasser des Lago Llanquihue spiegelt.

Herrliche Mischwälder wachsen an den Hängen der Anden, die mit ihrem Herbstlaub ein prächtiges Farbenspiel in den strahlendsten Rottönen entfachen. Die Alercen des Hochwaldes werden bis zu 3000 Jahre alt. Selten geworden sind die Myrten sowie die bisweilen 100 Meter hohen Araukarien. Eine der vielen Legenden der Ureinwohner rankt sich um den Calafate-Strauch: Eine Häuptlingstochter soll sich aus Liebeskummer in diese Pflanze verwandelt haben. Wer von ihren Beeren isst, wird sich in Patagonien verlieben und unweigerlich immer wiederkehren. Man sollte sich also genau überlegen, ob man die süßlichen Früchte probiert.

So ruhig und majestätisch die Vulkane des Seengebiets auch wirken mögen – noch heute verwandeln sich einige von ihnen in feuerspeiende Ungeheuer. Schon Charles Darwin wurde Zeuge eines verheerenden Ausbruchs des Osorno, als er 1834 mit der *Beagle* bei der Insel Chiloé vor Anker lag: Die hervorquellende Lava brachte den Lago Llanquihue zum Überlaufen und ganze Indianer-Siedlungen verschwanden in den Fluten. So erklärt sich auch der Name *Llanquihue*: «untergetauchter Ort». Einem Ausbruch des Vulkans Choshuenco hat der Lago Pirehueico seine Entstehung zu verdanken: Die erkaltete Lava staute den Río Maichín auf. Auch die Andengipfel, die das Seengebiet säumen, sind meist vulkanischen Ursprungs und gehören zum so genannten «Feuergürtel des Pazifiks». Der höchste dieser Vulkane ist der Lanín (3747 Meter), der aktivste der Llaima, der allein in diesem Jahrhundert öfter als zwanzigmal ausgebrochen ist.

Das chilenische Seengebiet zählt heute zu den wohlhabendsten Regionen Patagoniens. Wer die sanfte Hügellandschaft mit ihren grünen Viehweiden und welligen Weizenfeldern sieht, mag kaum glauben, dass dieses Land noch vor gut 150 Jahren als unbesiedelbar galt. «Jeder Fußbreit Boden gleicht einem Schwamm», berichtete 1835

Der Beschwörung der Götter und der Abwendung von Gefahren dient der *ngillatún*, einer der Riten der Mapuche, die an einem sakralen Ort stattfinden.

der englische Kapitän Robert Fitzroy. «Es scheint mir unmöglich, dass ein zivilisierter Mensch hier wohnen kann.» Doch er sollte sich täuschen: Ab 1852 waren es vor allem deutschstämmige Einwanderer, die sich in Puerto Varas, Puerto Montt und am Lago Llanquihue niederließen und die Region im Laufe von zwei Generationen für Ackerbau und Viehzucht urbar machten. «Dies ist ein kleiner Winkel des Paradieses», soll ein französischer Gesandter um die Jahrhundertwende geschwärmt haben. Den endgültigen Aufschwung leitete 1912 der Anschluss an das Eisenbahnnetz ein: Auf dem Land entstanden große Farmen, in Puerto Montt feudale Bürgervillen.

Mächtige Araukarien wachsen am Fuß des Vulkans Lanín (oben). Gauchos in der Nähe von Esquel: Ihre Pferde sind der ganze Stolz der Männer – und häufig besitzen sie auch nicht viel mehr. Die harte Arbeit auf den Estancias wird schlecht bezahlt (links).

Fortsetzung Seite 67

Unter vollem Dampf durch die Steppe

La Trochita – der alte Patagonien-Express

In der Steppenweite am Osthang der Anden südlich von Bariloche verbindet *ein etwa 150 Kilometer langes Schmalspurgleis Esquel mit El Maitén. Hier gibt es nur wenige Straßen, einzeln verstreut ducken sich winzige Siedlungen in den Tälern. Wie die Schienen einer Modelleisenbahn zieht sich der Strang mit einer Spurbreite von nur 75 Zentimetern durch das patagonische Hochland. Es ist das letzte Streckenstück des legendären* Viejo Expreso Patagónico*, des alten Patagonien-Express, das von ursprünglich 402 Kilometern – von Ingeniero Jacobacci bis Esquel – übrig geblieben ist. Die ersten Dampfloks stammen von der deutschen Firma Henschel & Sohn, weitere von den Baldwin-Lokomotivwerken in Philadelphia. Seit 1922 war der Zug jahrzehntelang das einzige Transportmittel für die Menschen der Region, für Vieh, Holz, Wolle und Lebensmittel.*
In den 70er Jahren begann der Niedergang: Immer mehr Teilstrecken wurden stillgelegt, bis nur noch die Verbindung zwischen Esquel und El Meitén existierte. Auch diese war von der Stilllegung bedroht, doch das alte Dampfungetüm war inzwischen berühmt geworden, nicht zuletzt durch Paul Theroux' 1979 erschienenes, international erfolgreiches Reisebuch «Der alte Patagonien-Express», und

Eine Zugreise in die Vergangenheit: Zwischen El Maitén und Esquel dampft der alte Patagonien-Express durch die Steppenlandschaft.

Museumsreif, aber fahrtüchtig: 45 Tonnen wiegt das eiserne Ungetüm, Baujahr 1922. Der Heizer schwitzt, doch die Passagiere genießen die Fahrt.

verkörpert geradezu den Geist und die Seele des argentinischen Südens. Als Argentiniens Regierung 1992 beschloss, den Zug endgültig aus dem Verkehr zu ziehen, kam es zu einem öffentlichen Aufschrei. Die Provinzregierungen von Rio Negro und Chubut konnten jedoch die Stilllegung verhindern und La Trochita als ihr regionales Erbe verteidigen. Der Initiative «Freunde von La Trochita», darunter vielen Gleisarbeitern und Eisenbahnern, ist es zu verdanken, dass die Strecke instand gehalten und die musealen Loks und Waggons gewartet werden. Ersatzteile gibt es nicht mehr; sie müssen in einem Ausbesserungswerk in El Maitén von Hand gefertigt werden.

Und so schnaufte und keuchte La Trochita weiter, vor allem zur Freude von Touristen, mit zwei bis sechs ratternden hölzernen Waggons zwischen El Maitén und Esquel hin und her, allerdings nur während der Sommerzeit von Dezember bis März und an ausgewählten Tagen. Auf dem Höhepunkt des argentinischen Wirtschaftsdesasters 2002/03 kam es erneut zur Krise, nur Teilstrecken konnten noch von Touristen gechartert werden. Doch inzwischen fährt der Zug wieder die ganze Strecke; fast sieben Stunden benötigt er dafür. Alle 30 bis 50 Kilometer muss das 45 Tonnen schwere Ungetüm an einer der vielen Stationen halten. Während die Touristen fotografieren, füllen der Heizer und der Maschinist Wasser nach: 100 Liter verdampft die Maschine pro Streckenkilometer. Dann kämpft sich La Trochita weiter über viele Kurven durch die pittoresken Tafelberge und Täler der südlichen Strauchsteppe. El trencito, den kleinen Zug, nennen ihn die Einheimischen zuweilen liebevoll. In der ersten Klasse sind die Sitzbänke mit rotem Leder bezogen; in der zweiten Klasse muss man mit Holzbänken vorlieb nehmen. Touristen erleben damit eine einmalige und abenteuerliche Zeitreise in

Mit einer Luxusausstattung kann *La Trochita* wahrlich nicht aufwarten, der Zug ist recht spartanisch eingerichtet. Doch der Blick aus dem Fenster entschädigt für mangelnden Komfort.

Alle 30 bis 50 Kilometer hält das nostalgische Schienengefährt an einer Geisterstation, damit der Maschinist Wasser nachfüllen kann.

die Vergangenheit. Sie führt durch eine der faszinierendsten Landschaften Patagoniens und bietet auf ihren Stationen interessante Einblicke in die Kultur und jüngste Geschichte des Landes – von der Authentizität des historischen Fahrerlebnisses ganz abgesehen.

Paul Theroux schrieb vom alten Patagonien-Express: «Die Lokomotive war eine Art wild gewordener Samowar auf Rädern, mit Eisenflicken auf dem Kessel, leckenden Röhren, tröpfelnden Ventilen und eisernen Krümmern, die Dampffontänen zur Seite schleuderten. Weil sie mit Öl befeuert wurde, spie sie zwar keinen schwarzen Qualm, hatte aber Bronchialprobleme und rang bei Steigungen japsend und blubbernd nach Atem, den sie an Abhängen (...) mit merkwürdigem Pfeifen wieder von sich gab. Das ganze Gefährt knarrte und wenn es schnell fuhr, machte es ein solches Getöse von krachenden Kupplungen, klappernden Fenstern und ächzendem Holz, dass ich das Gefühl hatte, es würde gleich endgültig in seine Einzelteile zerfallen, einfach explodieren und seine Splitter in eine der trockenen Schluchten verstreuen.»

(www.latrochita.org.ar)

Wenn *La Trochita* in Esquel zur Abfahrt pfeift, beginnt für das Personal ein harter Arbeitstag. Während der sieben Stunden, die der Zug für die knapp 150 Kilometer braucht, sind Zugführer, Heizer und Maschinisten voll im Einsatz.

AQUA MOTION

Ein nasskaltes Vergnügen: Ob Riverrafting auf dem Río Petrohué oder Canyoning am Lago Todos los Santos – in der patagonischen Wildnis kommen Outdoor-Enthusiasten voll und ganz auf ihre Kosten. Professionelle Veranstalter sorgen für Sicherheit.

Urlaubsparadies in der Wildnis

Eine beliebte Schiffs- und Bustour führt vom fjordartigen Lago Todos los Santos über den Paso Pérez Rosales zum argentinischen Lago Nahuel Huapí. Auch der Lago Todos los Santos, den viele Chilenen für das schönste Binnengewässer ihres Landes halten, ist ein Beispiel für die unbändigen Naturgewalten im Nordwesten Patagoniens: Einst waren der Lago Llanquihue und der Lago Todos los Santos *ein* See, bis der Vulkan Osorno aufstieg, die Lava sich bis zum Meer ergoss und das enge Tal entstand, durch das heute die wild schäumenden Fluten des Río Petrohué schießen. So wie die Chilenen die Ferien in ihrem Seengebiet verbringen, zieht es die Großstädter aus Buenos Aires zur Erholung an den riesigen Lago Nahuel Huapí. Am Ufer des Gletschersees wurde in San Carlos de Bariloche innerhalb von nur dreißig Jahren ein Ferienparadies aus dem dschungelartigen Boden

Mit seinen roten Blüten läutet der chilenische Feuerbusch den Frühling ein.

«Wanted, dead or alive»: Lange Zeit unerkannt lebten zu Beginn dieses Jahrhunderts die legendären amerikanischen Bankräuber Butch Cassidy und Sundance Kid in dieser Hütte in Chollila bei Esquel.

gestampft. Alles, was in Argentinien Rang und Namen hat, gibt sich in dem boomenden Touristenort ein Stelldichein – und lässt sich dabei gern von der Regenbogenpresse beobachten. Auf dem knapp 20 Kilometer von Bariloche entfernten Cerro Catedrál ist das größte Skigebiet der südlichen Halbkugel entstanden. Selbst inmitten des Nationalparks Nahuel Huapí weisen die Liftanlagen auf die relative Nähe zur Zivilisation hin.

Die urzeitliche Naturschönheit Patagoniens ist der eigentliche Reichtum des Landes. Sie zu bewahren ist die vordringliche Aufgabe für eine erfolgreiche Entwicklung dieser noch unverdorbenen, aber gefährdeten Region. Werden sich die chilenische und argentinische Regierung, die Reiseveranstalter und nicht zuletzt jeder einzelne Tourist der Herausforderung stellen, diesen zauberhaften Landstrich im Norden Patagoniens zu schützen?

«Die schreckliche Verschmutzung, unter der die Täler der Cordillera Blanca in Peru leiden», warnt der chilenische Bergsteiger Sergio Echevarría in dem einfühlsamen Berg- und Kletterführer «Patagonien» von Gino Buscaini und Silvia Metzeltin, «zeigt uns, welcher Menschenschlag die Andengebiete Patagoniens besuchen wird. Das seltsamste dabei ist, dass diese Menschen aus Ländern kommen, in denen die Tradition der Naturparks bereits seit Jahren verwurzelt ist. Die Schäden, die sie anrichten, sind also willkürlich, sie entstehen aus Verantwortungslosigkeit und aus Verachtung gegenüber den lateinamerikanischen Ländern.» Es ist eine bittere Mahnung. Doch liest man sie ein zweites Mal, wird man in der gerechtfertigten Anklage zwischen den Zeilen auch die große Anteilnahme dieses Naturliebhabers spüren.

Nach heftigen Regenfällen im Frühjahr blühen die Hänge um El Maitén in besonderer Üppigkeit.

Zu den am schönsten gelegenen Hotels Patagoniens zählt das «Llao-Llao» am Lago Nahuel Huapí.

Im ewigen Wechsel der Gezeiten

Die patagonische Westküste: Labyrinth der Fjorde und Inseln

Am Ende der Mole des Fährhafens von Puerto Chacabuco mischt sich der Geruch von Dieselöl mit der salzigen Meeresbrise des Pazifiks. Es regnet sintflutartig aus einem dunkelgrau bewölkten Himmel, dicke Wassertropfen prasseln in die stürmische See. Fünfhundert Kilometer südlich von Puerto Montt schiffe ich mich zu einer Bootsfahrt in die Eiszeit ein.

Die *Patagonia Express*, ein schnittiger Katamaran, steuert mit über 20 Knoten durch eine unwirtliche Fjordlandschaft. Auf Deck halten es die Passagiere nur wenige Minuten aus, denn jedes Mal, wenn der Bug in die Wellen taucht, spritzt die Gischt bis auf die Aussichtsplattform am Heck. Um uns herum inszeniert die Natur ein beeindruckendes Schauspiel: Der Sturm peitscht weiße Schaumkronen auf die See, Wolkenfetzen jagen am Himmel entlang und wie zu Stein erstarrt setzen sich die Wellenkämme der Wasserwüste in den bewaldeten Steilhängen des unwegsamen Festlands fort. Stundenlang stampft der Katamaran durch zergliederte Meeresbuchten, die so unberührt wirken, als wäre die Welt gerade erst erschaffen worden.

Seit dem Bau der Carretera Austral können Besucher auch in fast unberührte Regionen Patagoniens, hier südlich des Cerro Castillo, vordringen.

An ein zinnenbewehrtes Schloss erinnert der markante Gipfelaufbau des Cerro Castillo, der das Tal des Río Ibañez beherrscht (rechts und unten).

Landschaften der Kälte und majestätischen Ruhe: der riesige Campo Hielo del Norte, das Nördliche Eisfeld (oben), und die Laguna San Rafael (links).

Schiffsreise in die Eiszeit

Hundertdreißig Seemeilen südlich von Puerto Chacabuco treiben türkisblaue Eisberge im milchiggrünen, eiskalten Wasser. In Schrittgeschwindigkeit steuert das Schiff in der Laguna San Rafael auf eine zerklüftete Steilwand aus ewigem Eis zu. Kapitän Luis Evans lässt das Schlauchboot zu Wasser. Dann tuckern wir auf Steinwurfweite an der gigantischen bläulich-weißen Gletscherwand vorbei. Sechzig Meter hoch ragt das Eis vor uns auf. Als die Sonne flüchtig durch die Wolken bricht, funkeln und glitzern die zersplitterten Eiszacken und blenden unsere Augen mit Milliarden von Lichtreflexen.

Der Ventisquero San Rafael ist einer der vielen Gletscher, die von den Eisfeldern der Anden in den Pazifik kalben. Mit einem Glas Whisky auf Gletschereis stoßen wir an Bord auf das atemberaubende Panorama an – der Whisky zwölf Jahre in Eichenfässern gelagert, das Eis über Jahrtausende in freier Natur. Seit zwölf Jahren schippert Evans durch die südlichen Kanäle der patagonischen Westküste und bis in die Antarktis. «Patagonien ist ein noch junges Reiseziel», sagt er, «die ersten Fahrten zum Gletscher wurden erst 1981 unternommen.»

Als ein Irrgarten aus Tausenden von unbewohnten Inseln und tief ins Land greifenden Meeresarmen zieht sich die Westküste Patagoniens bis hinunter nach Kap Hoorn. Im Süden Chiles, auf der Westseite der Anden, regnet es die meiste Zeit des Jahres. Nur sechzig Sonnen-

Kaum 2000 Einwohner zählt die Provinzhauptstadt Cochrane, die in ein abgeschiedenes, fruchtbares Hochtal eingebettet ist. Ihr Auskommen verdanken die Siedler vor allem der Viehwirtschaft.

tage und bis zu 7000 Millimeter Niederschlag pro Jahr haben einen dichten Dschungel am Fuß der Anden wachsen lassen. Undurchdringliches Unterholz macht den Vorstoß in die Einsamkeit abseits der wenigen Straßen und Meereskanäle noch heute nahezu unmöglich. In dem kühlen andinen Regenwald wachsen riesige Farne, Moose und Flechten in allen erdenklichen Grün-Schattierungen. Sie werden überragt von mächtigen, bis zu 2000 Jahre alten Alercen (Zypressengewächsen); urwüchsige, an Rhabarber erinnernde Nalca-Stauden werden hier so groß wie geöffnete Regenschirme.

Die extremste Wetterscheide der Welt

Obwohl die Anden südlich des 40. Breitengrades nur noch etwa 2000 Meter hoch sind, bilden sie dennoch die vermutlich extremste Wetterscheide der Erde: Die feuchtigkeitsschwangeren Winde des Pazifiks regnen sich, wenn sie auf die Kordillere treffen, nahezu vollständig über den Berghängen am Ozean ab. Danach fegen sie, «trocken hinter den Ohren», mit Geschwindigkeiten von bis zu 130 Stundenkilometern über die argentinische Pampa zum Atlantik.

Das Hundewetter an der patagonischen Westküste hat bis in die jüngste Vergangenheit kaum Menschen angelockt. Erst Mitte des vergangenen Jahrhunderts wurde die Region von einer Hand voll deutscher Siedler über die Insel Chiloé erschlossen.

Fröhliche Farben gegen die Tristesse des Regens: die *palafitos*, die Pfahlbauten, in Castro.

Der Holzdom San Francisco in Castro geht auf die Zeit der jesuitischen Mission zurück (oben).

Beim Marienfest im Fischerdorf Achao auf der Insel Quinchao sind alle auf den Beinen (rechts).

Chiloé (von dem Mapuche-Wort *chilihue*, *Land der Möwen*) südwestlich von Puerto Montt war mit dichten Urwäldern aus mächtigen Alercen bewachsen, als die Spanier die nach Feuerland zweitgrößte Insel der Westküste 1567 entdeckten. Holzindustrie, Fischerei und Viehzucht sind heute die Lebensgrundlage der rund 116 000 Chiloten. Als Wahrzeichen der Insel gelten die kunstvoll mit Holzschindeln gedeckten Holzkirchen, die auf die Zeit der jesuitischen Mission zurückgehen. Die *palafitos*, die Pfahlbauten der hübschen Hauptstadt Castro an der Küste des verregneten Eilands, offenbaren noch immer die enge Verbindung der Menschen mit dem Meer.

In Chiloé endet die bewohnbare Welt. Alle Siedlungen weiter südlich sind Stecknadelköpfe in einem Meer aus Gletschern, Fjorden und Wäldern. Abgeschnitten von der Zivilisation lebten um 1960 in der gesamten chilenischen Provinz Aisén nur etwa 8000 Menschen. Selbst heute siedeln kaum drei Prozent der 13 Millionen Chilenen im südlichen Drittel ihres Landes. Die beiden Südprovinzen Aisén und Magallanes zählen zusammen weniger Menschen, als etwa Bonn Einwohner hat. Puerto Puyuguapi (800 Einwohner) oder Puerto Cisnes (1700 Einwohner) waren bis vor wenigen Jahren nur auf dem Seeweg zu erreichen. Einmal monatlich lieferten die Versorgungsschiffe der chilenischen Marine den Küstendörfern Lebensmittel und Benzin.

Die dschungelartige Region um Puyuguapi, die von reißenden Flüssen und tiefen Fjorden durchschnitten wird, ist bis heute nur spärlich besiedelt. Gegen das feuchtkalte Klima weiß auch der Viehhirte nur ein Mittel: wetterfeste Kleidung.

Die Carretera Austral – Schotterpiste gen Süden

Coyhaique ist die Hauptstadt der Region Aisén. Die schmucklose Kleinstadt mit rund 45 000 Einwohnern, eine Flugstunde südlich von Puerto Montt, bietet sich als Ausgangspunkt für eine abenteuerliche Fahrt in den Süden an. Im Nieselregen verstaue ich mein Gepäck auf der offenen Ladefläche des Pick-up und verschnüre die Ladung unter einer Plastikplane. Nach kurzer Fahrt über den Asphalt beginnt der Rodeo auf dem Schotter.

Die Carretera Austral, die «Straße des Südens», wurde nach zehn Jahren Bauzeit erst 1988 in ihrer heutigen Streckenführung von Puerto Montt über Chaitén, Puerto Aisén und Cochrane bis Puerto Yungay fertig gestellt. Mehr als 1000 Kilometer – eine Entfernung, die etwa einer Durchquerung Deutschlands entspricht – zieht sich die holperige und kurvenreiche Piste zwischen Anden und Pazifischem Ozean durch eine kaum erschlossene Wildnis, durch dichte Urwälder und über verschneite Bergpässe. Zwölf Nationalparks wurden von der chilenischen und argentinischen Regierung in dieser Region zum Schutz des immergrünen subantarktischen Regenwalds eingerichtet.

Auf dem Markt von Puerto Montt, der auch die Dörfer der vorgelagerten Inseln versorgt, sind Krebse, Muscheln und Algen eine begehrte Delikatesse.
In keinem anderen Fischereihafen Chiles werden so vielartige Meerestiere angelandet wie hier.

Die abgelegenen Orte an der Pazifikküste sind auf Selbstversorgung angewiesen: Ob Fleisch, Käse oder Fisch, angeboten wird das, was das Land hergibt.

Nur wenige Südchilenen finden einen Arbeitsplatz in der Industrie. In kleinen Läden und Handwerksbetrieben arbeitet oft die ganze Familie mit.

Kitsch oder Kunst, das ist hier nicht die Frage. Beim Marienfest auf der Insel Quinchao finden die grellbunten Poster garantiert einen Abnehmer (links).

Das fruchtbare Umland von Puerto Montt liefert Gemüse in Hülle und Fülle. Die Seenregion steuert auch 70 Prozent der landesweit erzeugten Milch bei (oben).

Diese Naturschutzgebiete weisen eine Artenvielfalt auf, wie man sie anderswo nur noch im tropischen Regenwald findet. Hier wachsen Arrayanen, Zedern und Araukarien, die bis zu tausend Jahre alt sind.

Kilometer um Kilometer rolle ich durch den grünen Dschungel gen Süden. Die Tachonadel pendelt selten über 60 Stundenkilometer. Mein Jeep rumpelt über Schlaglöcher und die Buckel einer Wellblechpiste, die je nach Witterung voller Staub oder schlammig aufgeweicht ist. In den Tälern zwischen den beiden patagonischen Eisfeldern – dem Campo de Hielo Norte und Campo de Hielo Sur (dem Nördlichen und dem Südlichen Eisfeld) – herrscht das ganze Jahr hindurch ein extremes Klima. Tagsüber lösen sich alle vier Jahreszeiten im fliegenden Wechsel ab: Nach dem Dauerregen in Coyhaique überrascht mich wildes Schneetreiben auf dem Serpentinenpass unterhalb des Cerro Sin Nombre («Berg ohne Namen»). Zweihundert Kilometer weiter südlich liegt der traumhaft schöne Lago General Carrera – auf der argentinischen Seite Lago Buenos Aires genannt – türkisblau in strahlendem Sonnenschein, die Luft ist sommerlich warm. Abends in Puerto Guadal am Südufer des riesigen Sees fegen kalte, böige Sturmwinde die Wäsche von der Leine.

Das Ufer des azurblauen Bergsees säumen schattige Wälder aus Zypressen und Cohíhues, Südbuchen, deren Blätter sich im Herbst flammendrot färben. Einsame Wasserfälle stürzen tosend von den weißen Andengipfeln herab. Der schneebedeckte Cerro San Valentín erhebt sich, orangerot von der Abendsonne angestrahlt, über die Gletscher der Anden und die Gezeiten des nahen Pazifiks. Am Horizont beginnt die Eiszeit.

Der Regen und die reine Luft Patagoniens lassen Flechten und Moose prächtig gedeihen. Während des kurzen Frühlings blüht die Nalca-Staude, deren Stängel zu Kompott verarbeitet werden (oben).

Die Landschaft bei Coyhaique erinnert an Irland: Sie ist ebenso grün, sanft und hügelig (linke Seite).

Der Vegetation rund um den Lago General Carrera kommt zugute, dass an dem Binnenmeer an ungewöhnlich vielen Tagen im Jahr die Sonne scheint.

Fern vom Land der Ahnen

Auswanderer in Patagonien

***«Da träumen die Leute** vom Leben in der Wildnis am Ende der Welt», meint Alfred Wilder, Urenkel deutscher Einwanderer in Puerto Varas am Ufer des Lago Llanquihue, «aber es ist oft keine Freude, in Patagonien zu leben.» Während es draußen stürmt und regnet, erzählt der Deutsch-Chilene und Hotelbesitzer Geschichten von den Pionieren Patagoniens.*

Politische Wirren und wirtschaftliche Not in Europa waren die Hauptgründe für die Einwanderungswellen in Argentinien und Chile. Während fünf bis sechs Millionen Deutsche ihre Heimat mit dem Ziel Nordamerika verließen, zogen nur jeweils etwa 10 000 Menschen nach Argentinien und nach Chile. Immerhin: Angedacht war eine deutsche Siedlung in Übersee bereits vor fast fünfhundert Jahren von Karl V. Dieser hatte 1526, sechs Jahre nach Entdeckung der Magellanstraße, das mächtige Augsburger Handelshaus der Fugger mit dem Territorium nördlich der Passage belehnt, um Chile und Patagonien für die spanische Krone zu erobern. Doch das wilde Land am Ende der Welt war den auf Kapitalmaximierung bedachten Fuggern weder Heller noch Peso wert. Jahrhunderte später war der entscheidende Schritt der chilenischen Regierung zur Eroberung der frontera, des fruchtbaren Grenzlandes der unbezwungenen Mapuche südlich des Río Bío Bío, das Einwanderungsgesetz, das am 18. November 1845 von Präsident Manuel Bulnes verabschiedet wurde. Artikel 1 legte fest, dass «Ausländern, die in das Land kommen, um heimisch zu werden», Landparzellen zugeteilt werden und dass ihnen zusätzlich «Werkzeug und Samen und alles Notwendige gegeben werde, um Land zu bebauen und das erste Jahr zu überleben». Die Kolonisten rodeten den Urwald, legten Felder an und entwickelten das Land im Schatten des Vulkans Osorno zu einer der wohlhabendsten Regionen Chiles. Mit einer chacra *Land, Samen im Wert von fünf Pesos, einem Joch Ochsen und einer Kuh begann für die deutschen Siedlerfamilien am Lago Llanquihue die Zukunft in ihrer neuen Heimat. Welche Strapazen viele Auswanderer auf sich nahmen, schildert der Schlesier August Hoffmann in seinem Tagebuch: «Nach wochenlangen furchtbaren Stürmen, die das Schiff immer wieder zurückwarfen, gelang es endlich, an Kap Hoorn vorbeizukommen. Jeder hat das Leben satt und wünscht nur, entweder schnell den Tod zu sehen oder Land. Am 10. Dezember sahen wir Land, es war die Insel Chiloé.»*

Die Telefonbücher der Kleinstädte an der patagonischen Westküste dokumentieren es: Hunderte von Nachfahren der ersten deutschen Einwanderer haben sich am Südzipfel Südamerikas ein neues Leben aufgebaut.

Die Blätter der Nalca-Staude können einen Durchmesser von bis zu einem Meter erreichen.

In der grünen Hölle des Nationalparks Queulat stürzen imposante Wasserfälle in die Tiefe.

Straßen in die Unendlichkeit

Carretera Austral und Ruta Nacional 40

Grandiose Regionen *von atemberaubender Schönheit und Vielfalt passieren Globetrotter auf den Traumstraßen Südamerikas, der chilenischen Carretera Austral und der argentinischen Ruta Nacional 40.*

Als gut ausgebaute Fernstraßen im europäischen Sinn kann man die nur gelegentlich asphaltierten Routen allerdings nicht bezeichnen: Grober Schotter, viele Unebenheiten und tiefe Schlaglöcher lassen die Fahrt oft zu einem rüden Holperritt werden. Bei einer durchschnittlichen Geschwindigkeit von 40 Stundenkilometern sind zum Beispiel auf der kurvenreichen Strecke der Carretera Austral mehr als 250 Kilometer Wegstrecke pro Tag kaum zu schaffen. Doch das Panorama zu beiden Seiten des Weges entschädigt jeden Reisenden, der die Zeit hat, «en route» den Süden zu erkunden, tausendfach für seine Mühen.

Im Jahr 1976 wurde mit dem Bau der Carretera Austral begonnen. Politisches Kalkül lag vor dem ersten Spatenstich. Auch wenn sich mit der neuen Straße die Lebensbedingungen vieler Menschen in den abgelegenen Dörfern entlang der chilenischen Pazifikküste verbesserten, war ihr Bau dennoch in erster Linie ein Projekt der chilenischen Militärdiktatur, um den unerschlossenen Süden des Landes zu sichern; wirtschaftlich rechnen konnte sich das kostspielige Abenteuer nicht. General Augusto Pinochet setzte den Straßenbau gegen den Widerspruch seines Finanzministers durch und schuf das Comando Militar del Trabajo, *das militärische Arbeitskommando: So mussten Soldaten während ihres Militärdienstes statt mit dem Gewehr mit Hacke und Spaten ins Gelände ausrücken, um die Trasse durch das wilde Land zu graben. «Der Proviant war so schlecht», erinnert sich ein ehemaliger Rekrut an die anstrengenden Sprengarbeiten, «dass ich die ersten zwei Tage nichts gegessen habe. Am dritten Tag hat mich der Hunger übermannt.» Das erste, 435 Kilometer lange Teilstück von Coyhaique nach Chaitén wurde 1983 eröffnet. Fünf Jahre später war der nördliche Streckenabschnitt von Chaitén bis Puerto Montt (242 Kilometer) fertig gestellt und die «Straße des Südens» im Tal des Río Baker reichte nun bis nach*

Die Carretera Austral ist die Lebensader Chiles: Nicht nur Lastwagen benutzen diese Route, um ihre Waren vom Norden in den Süden des Landes zu transportieren. Auch Viehhirten ziehen mit ihren Herden entlang der über weite Strecken grob geschotterten Straße.

Die Treibstoffanzeige sollte man immer im Auge behalten und das Auto auftanken, wenn sich die Möglichkeit bietet, denn an der Ruta Nacional 40 gibt es nur wenige Tankstellen. (ganz links).

Fernab jeglicher Zivilisation fühlt man sich häufig auf der Carretera Austral:

Zur nächsten Siedlung sind es oft mehrere Hundert Kilometer.

Puerto Yungay (421 Kilometer). Enden wird die Carretera Austral irgendwann in Villa O'Higgins, 100 Kilometer weiter südlich. Dort hat die Natur eine unüberwindliche Grenze gesetzt: Das patagonische Inlandeis verhindert jeden weiteren Vorstoß nach Süden.

Natursehenswürdigkeiten gibt es zuhauf: Die Carretera Austral streift zum Beispiel südlich von Puerto Montt den Nationalpark Los Alerces, ein 2600 Quadratkilometer großes Reservat mit dicht bewaldeten Tälern, in denen noch Alercen wachsen. Manche dieser sehr seltenen Zypressen sind über 4000 Jahre alt. Weiter südlich, bei Puerto Puyuguapi, kann man sich in heißen Thermalquellen am Ufer eines verschwiegenen Fjords erholen. Und wenn man eine mehrtägige Pause einlegen möchte, bietet hier das komfortable Kurhotel Termas de Puyuguapi Wellness am Ende der Welt.

Wer auf der Carretera Austral unterwegs ist, braucht einen Reservekanister mit Benzin und sollte Windschutzscheibe und Scheinwerfer gegen Steinschlag schützen. Selten begegnet man einem anderen Auto. Dennoch: Hinter jeder der zahlreichen Haarnadelkurven könnte unvermittelt ein Lastwagen auftauchen oder ein umgefallener Baum oder ein herabgestürzter Felsbrocken mitten auf der Fahrbahn liegen, sodass die Straße dem Fahrer die ganze Zeit über volle Konzentration abverlangt.

Die Ruta Nacional 40, die Traumstraße Argentiniens, zieht sich auf 4467 Kilometern Länge von La Quiaca an der bolivianischen Grenze im Nordwesten bis nach Río Gallegos am Fuß der Anden entlang. Vom südlichen Wendekreis des Krebses bis zur patagonischen Atlantikküste führt die Ruta Nacional 40 über dreißig Breitengrade, durch elf argentinische Provinzen und sieben Nationalparks. Die überwältigende Natur, das Erlebnis uneingeschränkter Weite und unzählige Sehenswürdigkeiten machen eine Reise auf der touristisch interessantesten Straße Argentiniens zu einem unvergesslichen Erlebnis: Im gebirgigen Nordwesten, in der Sierra Pastos Grandes, überquert man in den einsamen Hochebenen der Puna den steilen Abra del Acay, mit 4900 Metern der höchste Straßenpass der Welt. Eine Reise in die spanische Kolonialzeit versprechen links der Ruta 40 die anmutigen Städte San Salvador de Jujuy und Salta. Weiter südlich, am Río Calchaquíes, schmiegt sich das malerische Andendorf Cachi mit seinen weiß gekalkten Häusern an die rostroten Bergflanken des Nevado de Cachi, und nur wenige Kilometer entfernt ragen im größten Kakteenwald des argentinischen Nordwestens Tausende von Cardón-Kakteen wie mächtige Kandelaber in den Himmel.

An der Ruta Nacional 40 haben die Argentinier mehrere Straßenaltäre für die *Difunta Correa* errichtet. Die Gauchofrau, die laut einer Legende im 19. Jahrhundert in der Steppe verdurstet sein soll, wird als Schutzheilige der Autofahrer verehrt (links oben).

Die Ruta Nacional 40, die sich am Fuß der Anden entlangzieht, ist außer in der Regenzeit von Dezember bis Februar immer befahrbar (bei Bariloche).

Mendoza unterhalb des Aconcagua, dem mit 6962 Metern höchsten Gipfel der Anden, ist als Verkehrsdrehpunkt die wichtigste Stadt der Cuyo-Region. Hier kreuzen sich die Ruta 7, die Querachse des Kontinents von Buenos Aires nach Santiago de Chile, und die Ruta 40. An der Ostflanke der Anden folgt die Ruta 40 der alten Inkastraße. Weiter südlich erheben sich die Sandsteinwände der Talampaya-Schlucht. Im Valle de la Luna, dem Mondtal, wurde das Skelett des Coraptors, eines 228 Millionen Jahre alten Dinosauriers, ausgegraben.

Im Süden Patagoniens wird die Ruta 40 zu einer einsamen Straße. Einmal am Tag fährt am Hotel Las Horquetas in der Nähe von Bajo Caracoles ein Auto vorbei, im Herbst mögen es ein Dutzend sein und in der touristischen Hochsaison im Januar vielleicht doppelt so viele. Abseits der Straße, 45 Kilometer von Bajo Caracoles entfernt, liegt die größte Fundstätte prähistorischer Höhlenmalereien in der Schlucht des Río Pinturas: Auf 9000 Jahre schätzen Wissenschaftler das Alter der Malereien, die Tehuelche-Indianer in der Cueva de las Manos hinterließen. Als Landschaftsszenerie von eisiger Schönheit folgt bei El Calafate der Gletscher Perito Moreno, bevor man Río Gallegos erreicht.

Trostlosigkeit im Niemandsland: Ein Pick-up verrostet neben dem «Hotel» von Bajo Caracoles, einem winzigen Kaff an der Ruta 40 (links). Einsamkeit unter einem großen Himmel: Auf den Schotterpisten in der patagonischen Steppe begegnet man oft stundenlang keinem anderen Auto (rechts).

Der Nationalpark Torres del Paine ist eines der letzten Rückzugsgebiete der Guanakos, die von Pelztierjägern einst erbarmungslos gejagt wurden.

Patagoniens kaltes Dach

Die Andenkordillere: Granittürme und Eiswüsten

Der Himmel über El Calafate am Osthang der Anden, einer windverwehten Kleinstadt in der patagonischen Steppenweite 3000 Kilometer südlich von Buenos Aires, ist wolkenlos klar. Die «Welthauptstadt der Gletscher» liegt am Ufer des Lago Argentino, der mit einer Fläche von 1600 Quadratkilometern dreimal größer ist als der Bodensee. El Calafate ist Ausgangspunkt einer jeden Tour in den Nationalpark Los Glaciares, den fantastischen Gletscher-Nationalpark im äußersten Südwesten des patagonischen Festlands, der 1965 angelegt wurde.

Steil steigt die Schotterpiste am westlichen Ufer des Lago Argentino noch einmal an, bevor der klapprige Reisebus auf dem Hochplateau der Magellan-Halbinsel zum Stehen kommt. Vor mir öffnet sich eines der grandiosesten Panoramen Südamerikas: Zwischen dem verschneiten, 2380 Meter hohen Cerro Cervantes und den bewaldeten, herbstlich rot flammenden Berghängen im Norden erstreckt sich eine gigantische Wüste aus blauweiß funkelndem Eis – der Perito-Moreno-Gletscher, Patagoniens dramatische Naturschönheit. Glitzernd ragt die zerklüftete, fünf Kilometer breite Eiswand aus dem See 60 Meter hoch in den strahlend blauen Sommerhimmel. Millionen von Tonnen Eis schieben sich Tag für Tag um Armeslänge weiter vor. Der Perito Moreno, 23 Kilometer lang und 195 Quadratkilometer groß, ist einer der wenigen Gletscher der Welt, die heute noch auf dem Vormarsch sind. Weithin hörbar kracht und poltert es aus der Tiefe der mächtigen Eiswand. Dann herrscht für einen Augenblick Stille, bis wieder ein trockener Knall die Luft zerreißt. Tausende von kleinen Eisbrocken prasseln in den smaragdgrünen See. In Zeitlupentempo neigt sich ein kirchturmhoher Eisblock vornüber, stürzt mit Getöse in die Fluten und taucht Wellen schlagend unter.

Auf einem steilen Fußpfad steigen wir hinunter zum felsigen Ufer des Canal de los Tempanos, der Bucht der Eisberge. Auf Steinwurfweite von der Gletscherfront entfernt treiben mächtige, zersplitterte Eiszacken im Wasser – ein majestätisches, ein Ehrfurcht gebietendes Schauspiel. Berühmt ist der Perito Moreno für ein ganz besonderes Naturereignis, das sich jedoch nur alle vier bis sechs Jahre wiederholt. In diesem Zeitraum hat sich der Gletscher so weit vorgeschoben, daß die Eismassen den Lago Argentino vom Brazo Rico, dem Nordarm des Sees, abschneiden. Der Brazo Rico staut sich auf und überschwemmt dabei weite Landstriche. Bis zu 30 Meter über den Lago Argentino

Fremden begegnet der Gaucho auf der Estancia El Salitral nur selten, denn der Weg, der vom Lago Posados an der Farm vorbei zum Paso Rodolfo Raballos führt, wird heute kaum noch begangen. Bruce Chatwin glaubte, hier das sagenhafte Eldorado gefunden zu haben.

steigt sein Wasserspiegel. Irgendwann ist der Druck der Wassermassen so gewaltig, dass der Staudamm aus tonnenschwerem Eis zerbricht. Donnernd ergießen sich dann die Flutwellen des Brazo Rico in den Lago Argentino. «Kein anderer Gletscher der Welt», erklärt Marisabel, unsere Reiseführerin aus El Calafate, «bewirkt solche Veränderungen des Landschaftsbildes.» Dutzende von Fernsehteams warten oft wochenlang, um diesen Kataklysmus zu dokumentieren. Einmal haben japanische Kameraleute drei Monate lang am Gletscher ausgeharrt. Zwei Tage nach ihrer Abreise ist der Damm gebrochen.

Der Perito Moreno ist nicht die einzige Attraktion im Nationalpark Los Glaciares. Von Puerto Bandera, 50 Kilometer westlich von El Calafate, bringt im Sommer ein Motorschiff die wenigen Reisenden, die bis in diese Breiten vorstoßen, zum Upsala-Gletscher, dem größten Eisstrom Patagoniens. Auf seiner Fläche von 595 Quadratkilometern ließe sich leicht ganz Buenos Aires unterbringen.

Zu Füßen des Cerro San Lorenzo breitet sich eine vielfarbige, mondähnliche Erosionslandschaft aus.

Die Gegend um den Cerro Fitz Roy ist eine der wenigen Regionen Patagoniens, die mit markierten Wanderwegen erschlossen ist (an der Laguna del Desiato).

Im Frühsommer erblüht die Steppe am Lago Cochrane für wenige Wochen in ungeahnter Pracht.

Mit Nordwestkurs stampft das Schiff gegen die meterhohen Wellen auf dem Lago Argentino an, auf die der böige Orkanwind weiße Schaumkämme setzt. Es ist ein nasses Vergnügen auf Deck, doch angesichts der fantastischen Naturszenerie mag keiner der Reisenden, die in dicken Daunenanoraks der klirrenden Kälte trotzen, unter Deck gehen. In dem diffusen Licht unter der dichten Wolkendecke schwimmen die ersten Eisberge in dem graugrünen Wasser des Sees wie bizarre Skulpturen vorbei. Sie sehen aus wie gläserne Schiffe, Felsen, Schwäne oder gotische Kirchen. Das ewige Eis hat sie aus seiner Umklammerung entlassen; jetzt treiben sie träge nach Osten, bis sie in den Fluten des Lago Argentino schmelzen. Vorsichtig Abstand haltend bahnt sich das Schiff in weiten Schleifen seinen Weg um die bizarren Kolosse. Gegen Mittag ist schließlich der gewaltige Abbruch des Upsala-Gletschers erreicht, eine acht Kilometer breite und fast 60 Meter hohe Eisfront. Die Sonne schüttet gleißendes Licht über Türme und Scharten, ertrinkt in funkelnden Spalten und Schluchten. «Spätestens, wenn man den Upsala-Gletscher gesehen hat», hatte unsere Reiseführerin vor der Abfahrt des Schiffes gesagt, «kann man die Schönheit Patagoniens nie wieder vergessen.»

Einsam und hart ist das Leben der Gauchos, die einen Großteil ihres Arbeitstages im Sattel verbringen. Abwechslung in der Pampa bietet lediglich ein Glas Bier in einer der wenigen Kneipen.

Männerwirtschaft: Der Verwalter einer Estancia, der *mayordomo*, ist Manager, Arbeitgeber und Bankier in Personalunion.

Viele Gebiete Patagoniens sind nur mit dem Pferd zu erreichen. Doch wenn eine Straße durch die endlose Landschaft führt, tauschen auch die Gauchos den Sattel gern gegen den bequemeren Autositz.

Einmal jährlich treiben die Gauchos die Rinderherden der Estancia im *corral* zusammen, um den Kälbern das Brandzeichen ins Fell zu brennen.

Um Schutz vor den orkanartigen Winden zu finden, verstecken sich viele Estancias, wie hier bei El Calafate, hinter einem Wall von Bäumen (oben). Am Ufer der Laguna Amarga in der Nordwest-Ecke des Nationalparks Torres del Paine ist der starke Sodagehalt des Wassers zu erkennen (unten).

Die größte Sturmfabrik der Welt

Der Perito Moreno und der Upsala-Gletscher gehören zum Patagonischen Inlandeis, das sich – viermal so groß wie die Alpen – über den Anden ausdehnt. Das größte Gletschergebiet der Erde außerhalb der Polarkappen überzieht die etwa 200 Kilometer breite Kordillere in einer Höhe von 1500 Metern. Der mächtige Eismantel ist ein Relikt der Eiswüsten, die im Pleistozän den ganzen Südzipfel des Kontinents bedeckten. Zwei Eisflächen werden durch die Schlucht des Río Baker auf der Höhe des 38. Breitengrades getrennt: das Campo de Hielo Norte, das Nördliche Eisfeld, das sich über eine Fläche von 4400 Quadratkilometern erstreckt, und

das Campo de Hielo Sur, das Südliche Eisfeld, das bis hinunter zur Magellanstraße reicht. Hier liegen die großen Traumziele aller Bergsteiger: Cerro Fitz Roy, Cerro Torre und die Torres del Paine. «Wie eine Insel der Antarktis liegt das Eis mitten in Patagonien», sagt der Deutsch-Chilene Ricardo Hein, einer der wenigen Piloten, die sich mit ihren zweimotorigen Cessnas über das Eisfeld wagen. «Patagonien wird im Grunde gerade erst geboren.» Das Patagonische Inlandeis und die Felsgrate der südlichen Anden zählen bis heute zu den am wenigsten erforschten Regionen der Erde.

Die Gauchos der Estancia Cerro Paine sind die einzigen, die ihr Vieh noch in Teilen des Nationalparks Torres del Paine weiden lassen dürfen.

Fortsetzung Seite 114

Bruce Chatwin: «In Patagonien»

***Der britische Journalist** Bruce Chatwin reiste sechs Monate durch Patagonien und veröffentlichte seine Eindrücke 1977 in seinem Erstlingswerk «In Patagonien». Dieses Buch begründete Chatwins Ruhm als Forschungsreisender und Autor, dessen Augenmerk vor allem den Details, den Eigenarten und Schicksalen der Menschen galt. Chatwin starb 1989 im Alter von 49 Jahren.*

«Ich bestieg einen Bus nach Perito Moreno und kam mitten in einem Sandsturm dort an. Das Restaurant gehörte einem Araber, der Linsen und Radieschen servierte. Ein Pfefferminzschössling auf seiner Theke erinnerte ihn an eine Heimat, die er nicht kannte. Ich fragte ihn, ob irgendein Bus nach Norden führe. Er schüttelte den Kopf: ‹Ab und zu ein paar chilenische Lastwagen, aber nur ganz selten.› Bis nach Valle Huemules waren es über 150 Kilometer, aber ich beschloss, es zu wagen. An die Mauern einer verlassenen Polizeistation am Ausgang der Stadt hatte jemand mit blauer Farbe ‹perón›, Gorilla, geschrieben. Nicht weit davon entfernt lag ein Haufen leerer Ginflaschen: das Denkmal für einen toten Lkw-Fahrer. Jedes Mal, wenn seine Freunde daran vorbeifuhren, warfen sie eine weitere Flasche dazu. Ich wanderte zwei Stunden, fünf Stunden, zehn Stunden, kein Lastwagen in Sicht. Mein Notizbuch verrät einiges von meiner damaligen Stimmung: ‹Einen ganzen Tag lang und auch den darauf folgenden gewandert. Die Straße ist gerade, grau, staubig, ohne Verkehr. Ein ständiger Wind, der einem den Kopf abreißt. Manchmal hört man einen Lastwagen, man ist sich ganz sicher, dass es ein Lastwagen ist, aber es war nur der Wind. Oder das Geräusch, als würde ein

Gang heruntergeschaltet, aber auch das war der Wind. Manchmal hörte es sich so an, als führe ein Lastwagen holpernd über eine Brücke. Selbst wenn ein Lastwagen direkt hinter einem gefahren wäre, hätte man ihn nicht gehört. Und selbst wenn man den Wind im Rücken gehabt hätte, hätte er das Motorengeräusch erstickt. Das einzige Geräusch, das man hören konnte, kam von einem Guanako, ein Geräusch, als ob ein Baby gleichzeitig weinte und nieste. Man sah ihn in etwa 100 Meter Entfernung stehen – ein einsames Guanako-Männchen, größer und anmutiger als ein Lama, mit rotgelbem Fell und einem weißen, hochaufgerichteten Schwanz. Es heißt immer, Guanakos seien scheue Tiere, aber dieser war richtig verrückt nach mir. Als ich nicht mehr laufen konnte und mich in meinem Schlafsack auf dem Boden ausstreckte, blieb er auch stehen, in gleicher Entfernung, und gluckste und wimmerte. Am nächsten Morgen stand er ganz in meiner Nähe, aber der Schreck, als ich mich aus meiner Haut – dem Schlafsack – herausschälte, war zu groß für ihn! Es war das Ende einer Freundschaft, und ich beobachtete, wie er über ein Dornengestrüpp hinweghüpfte – er sah aus wie eine Galionsfigur in der rollenden See.

Der nächste Tag war noch heißer und windiger. (…) Die Straße begann und endete in einer gräulichen Fata Morgana. Kaum sah ich ein Staubphantom hinter mir, glaubte ich, es sei ein Lastwagen, obwohl ich wusste, dass ich jetzt nicht mehr mit einem Lastwagen rechnen konnte. Oder es kamen viele schwarze Pünktchen auf mich zu. Wenn ich dann stehen blieb, mich auf den Boden setzte und wartete, wanderten die Pünktchen von der Straße weg, und ich stellte fest, dass es Schafe waren. Am Nachmittag des zweiten Tages kam tatsächlich ein chilenischer Lastwagen. Der Fahrer war ein unverwüstlicher Mensch mit fröhlichem Gesicht. (…) Er nahm mich mit bis zum Lago Blanco. Das Wasser des Sees war trübe und milchig weiß. Dahinter lag eine Prärie mit smaragdgrünem Gras, die von einer Kette blauer Berge begrenzt wurde. Das war Valle Huemules.› »

Die Cuernos del Paine gehören zum beeindruckendsten, was die südlichen Anden zu bieten haben.

Eine Herausforderung für geübte Kletterer ist die Besteigung der fast senkrechten Felswände des Cerro Fitz Roy. Die Bergsteiger haben nicht nur mit technischen Schwierigkeiten zu kämpfen: Wenn das Wetter umschlägt, sinken die Temperaturen innerhalb kurzer Zeit auf minus 30 Grad Celsius, und der Wind pfeift mit einer Geschwindigkeit von 100 Stundenkilometern über die Felsgrate.

Schneestürme, Temperaturen weit unter dem Gefrierpunkt und Windböen, die mit bis zu 200 Stundenkilometern über die Eisfelder fegen, machen den Vorstoß dorthin selbst noch ein Jahrhundert nach der «Eroberung» Patagoniens zu einer echten Herausforderung.

Im Nationalpark Torres del Paine verdichtet sich die Naturschönheit des chilenischen Südens: Ultramarinblaue Bergseen liegen vor weiß verschneiten Granitgipfeln, die wie mittelalterliche Festungen in den Himmel ragen. Dazwischen weiten sich grüne Hochplateaus, auf denen gelbe Anemonen und der chilenische Feuerbusch kräftige Farbtupfer setzen. Anderswo in Chile mag es grandiosere Gletscher

Am Perito-Moreno-Gletscher inszeniert die Natur ein faszinierendes Schauspiel, das man von der Aussichtsplattform am Lago Argentino hautnah miterleben kann: Immer wieder lösen sich Eisbrocken aus der 60 Meter hohen Abbruchsfront und stürzen mit donnerndem Getöse in den See.

Urzeitliches Panorama: Eine Wanderung zum Lago Grey im Nationalpark Torres del Paine führt unmittelbar an die Eisfront des Grey-Gletschers.

geben, einsamere Seen, Urwälder, die noch nie ein Mensch durchstreift hat – doch im Nationalpark Torres del Paine hat der Reisende die Gelegenheit, diese wilde Natur auch zu erfahren. Er wird unterstützt durch kundige Führer und Nationalparkwächter, die das Reservat kennen, lieben und schützen.

Sergio Echeverría zum Beispiel ist seit sechs Jahren Bergführer in dem 1600 Quadratkilometer großen Park. «Für Bergsteiger ist dies der schrecklichste Ort der Welt», beteuert er, als wir nachts unter einem klaren südlichen Sternenhimmel am Ufer des Lago Pehoe sitzen. Der Wind heult über den See und pfeift in dem dornigen Gestrüpp. Am Horizont unter dem Kreuz des Südens thront schwarzgezackt das Paine-Massiv. «Das Patagonische Inlandeis ist die größte Sturmfabrik, die du dir vorstellen kannst», sagt Sergio. «Das Wetter schlägt hier blitzschnell um. Und schlechtes Wetter heißt keine Sicht, beißende Kälte bis minus 30 Grad Celsius und orkanartige Windböen.» Im ganzen Monat Januar habe er zwei Tage gutes Wetter erlebt, im Februar seien es vier gewesen. Dennoch kann nichts auf der Welt den leidenschaftlichen Bergsteiger davon abbringen, vom Gletschergebirge der südlichen Anden mit glänzenden Augen zu schwärmen. Ob El Escudo (der Schild), La Fortaleza (die Festung), Los Picachos del Diabolo (die Türme des Teufels) oder Aleta del Tiburón (die Haiflosse) – Sergio hatte über viele Jahre Bergsteiger aus aller Welt auf die schwierigen Felsgrate im Paine-Massiv geführt. Doch sein Traum bleiben weiterhin die vielen namenlosen Gipfel, die am Horizont aus dem ewigen Eisschild aufragen – *nunataks*, die noch kein Mensch erreicht hat.

Sinfonie in Türkis und Blau: Wie moderne Skulpturen treiben bizarr geformte Eisberge im Lago Argentino.

Bootsfahrt in die Eiszeit: Der Upsala-Gletscher, der größte Gletscher des Nationalparks Los Glaciares, ist nur mit dem Schiff zu erreichen (rechts). Nur selten hat man das Glück, den Campo de Hielo Sur, das Südliche Eisfeld, aus der Luft zu überblicken. Meist hängen dichte Wolken über der gewaltigen Eismasse (unten).

«Hunderte von Gipfeln, von leuchtenden, eisbepanzerten Massiven, von kühnen Spitzen aus Granit und Schiefer», schwärmte Alberto Maria de Agostini (1883–1960), «wurden noch nie bestiegen und bleiben weiterhin eingehüllt in ihr dunkles und stürmisches Geheimnis.» Zeit seines Lebens tauschte der Salesianerpater oft monatelang die Mönchskutte gegen den Daunenanorak. Als Bergsteiger durchquerte er erstmals das patagonische Eis zwischen dem Lago Argentino und dem Falcón-Fjord, 1928 erkundete er das Paine-Massiv.

Fast surrealistisch wirken die mächtigen zersplitterten Eiszacken des Perito Moreno, der als weltweit einziger wachsender Gletscher in einen See kalbt.

Wie in einem Geisterwald: Verkrüppelte, mit fransigen Flechten behangene Lengawälder bedecken vielerorts die Osthänge der patagonischen Anden (unten).

Stachelig zeigt sich oft die Vegetation – seien es die gelben, sternförmigen Steppenblumen (rechts) oder die Chaura-Büsche mit ihren wohlschmeckenden Beeren (links).

Die Granitgipfel des Paine sind mit einem Alter von zwölf Millionen Jahren ein noch junges Massiv; andere Gebirge bringen es auf ein Alter von 120 bis 150 Millionen Jahren. Wie ein Sektkorken wurde der Granit durch die kontinentale Plattenverschiebung nach oben gepresst. Das Eis sprengte dann den Granit in Platten ab und gestaltete so die Steilkanten der Torres. Hinter dem Wasserfall Salto Grande erhebt sich dieses Bilderbuchgebirge: links der Paine Grande, mit 3248 Metern der höchste Gipfel der Gruppe, rechts die Cuernos, dahinter die Torres, die Türme, die dem Nationalpark seinen Namen gaben: Torre Sur (2850 Meter), Torre Central (2800 Meter) und Torre Norte (2600 Meter). Wegen der boshaften Launen der patagonischen Natur konnte eine italienische Expedition erst 1958 die Torre Norte erstmals bezwingen. Im Januar 1963 meisterten Briten den mittleren Turm und einen Monat später feierten wiederum italienische Bergsteiger die Erstbesteigung der Torre Sur.

Bereits beim Aufstieg zum Basislager der Italiener bin ich völlig außer Atem. Der steile Pfad windet sich höher und höher, Schweiß brennt mir in den Augen. Kalt pfeift der Wind über das Geröllfeld an der Schneegrenze des Paine Grande, als ich auf 1800 Metern Höhe, dem höchsten Punkt meiner Wanderung, ankomme. Schier unendlich breiten sich zu meinen Füßen blaue Seen und glitzernde Eisfelder aus. Was für eine überwältigende Natur, welche Stille! Ich fühle mich klein im Angesicht dieser Welt, die in ihrer Unvergänglichkeit den Megahertz-Takt unseres digitalen Zeitalters zu verhöhnen scheint. Diese Wildnis ist heute wie vor Jahrtausenden die Heimat von Pumas und Kondoren – Menschen werden immer Eindringlinge bleiben.

Die Granittürme des Paine-Massivs wurden in den fünfziger und sechziger Jahren erstmals von italienischen und britischen Bergsteigern bezwungen.

Patagonien – weder Chile noch Argentinien

«Hier in Patagonien», dröhnt Julio Stipicic, Ingenieur und leidenschaftlicher Flieger, «gab es nie Chile, nie Argentinien. Ich bin Chilene – aber die Patagonier, das ist ein Volk für sich.»
Kein Wunder, weist diese zweigeteilte Region doch viele Extreme auf. Was Touristen heute fasziniert, nötigt den Bewohnern, zumindest den ärmeren, ein hartes, entbehrungsreiches Leben auf, das von stetem Kampf mit der Umwelt bestimmt wird: trockene, karge Steppenlandschaft im argentinischen, feuchte Kühle und subantarktische Verhältnisse im chilenischen Teil, dazu der immer währende starke Wind; zudem liegt die Infrastruktur weit hinter dem Standard der großen Städte Chiles und Argentiniens zurück, allein, was die Verkehrsanbindung betrifft. All dies hat die Menschen, die hier leben, laut Statistik nur ein bis zwei Einwohner pro Quadratkilometer, geprägt. Inzwischen ist der Tourismus nicht nur eine wichtige Einnahmequelle geworden, sondern auch Motor für Verbesserungen der Infrastruktur.

Patagonien erstreckt sich geografisch über den äußersten Süden Chiles und Argentiniens. Politisch wurde die Grenze zwischen den beiden Ländern nach den Unabhängigkeitskriegen im Jahr 1881

Sinnbild für den Überlebenskampf in der rauen Natur: Eine Südbuche klammert sich mit ihren Wurzeln an einen Felsen über dem Salto Grande, einem Wasserfall im Nationalpark Torres del Paine.

Wegen der hohen Luftfeuchtigkeit überwuchern Moose und Flechten verwitterte, abgestorbene Baumstämme (links).
In der Cueva del Mylodon erinnert eine naturgetreue Nachbildung an die Riesenfaultiere, die bis zum Quartär die Steppen und Berghänge Patagoniens bevölkerten (unten).

im *Tratado de los Limites* als die Linie definiert, die «über die höchsten, das Wasser scheidenden Gipfel der Kordillere geht». Die Definition war zwar hilfreich, um die Grenze in den Hauptanden festzulegen, aber im patagonischen Eis waren die höchsten Gipfel oft nicht mit der ozeanischen Wasserscheide identisch. Beide Staaten setzten eine Grenzkommission mit Geografen und Naturforschern ein, die um die Jahrhundertwende zum ersten Mal die südlichen patagonischen Anden systematisch erforschten. Das Ergebnis: Sie entdeckten keine zusammenhängende Kordillere, sondern einzelne Bergketten mit Quertälern, in denen die Flüsse in entgegengesetzten Richtungen abliefen. Es würde schwierig sein, die Grenzlinie nach dem Vertrag von 1881 zu bestimmen. König Edward VII. von England wurde in dieser ausweglosen Situation zum Schiedsrichter bestimmt. Salomonisch entschied er, die Seen des Grenzgebiets kurzerhand in der Mitte zu teilen. So kamen drei Seen zu jeweils unterschiedlichen Namen: Lago Buenos Aires (in Chile: Lago General Carrera), Lago San Martín (in Chile: Lago O'Higgins) und Lago Pueyrredón (in Chile: Lago Cochrane).

Reizvolles Kontrastprogramm am Lago Grey: Der dichte Regenwald wächst bis unmittelbar an das Gletschereis und die Ufer des Bergsees.

Ultima Esperanza, Fjord der letzten Hoffnung: Der Name spiegelt die Gefühle der ersten Siedler wider.

Wind und Weite

Die patagonische Steppenlandschaft

Über der einsamen Ruta 3 Richtung Río Gallegos scheint der Mond so hell, dass Pablo die Scheinwerfer seines Last-wagens ausgeschaltet hat. Das tiefe Brummen des Dieselmotors übertönt die melancholischen Tangolieder aus einem leiernden Kassettenrekorder. Der wortkarge Trucker hatte mich auf meiner Reise von Buenos Aires nach Ushuaia an einer windschiefen Tankstelle hinter Viedma mitgenommen. Während wir Stunde um Stunde durch das flache Steppenland Südpatagoniens rollen, achte ich darauf, dass dem übermüdeten Fahrer nicht die Augenlider zufallen. Jede Viertelstunde gieße ich heißes Wasser aus der Thermoskanne für den Mate-Tee nach. Das argentinische Nationalgetränk schmeckt zwar bitter, hält aber wach.

Pablo transportiert Öl oder Schafwolle – das «schwarze» und das «weiße Gold» Patagoniens, der Reichtum des kargen argentinischen Südens. Tausende von Kilometern auf Schotterpisten, durch eine unermessliche braune Öde aus Sand und Kies, durchsetzt von Disteln und Dornenbüschen. Zwei Tage ist Pablo schon nonstop

Wind und Regen haben im Lauf von Jahrtausenden tiefe Rinnen und Täler in die leblose Gebirgswüste der Versteinerten Wälder José Ormachea gegraben.

Großartige Felslandschaft am östlichen Andenrand: der zerklüftete Canyon des Río Pinturas.

Auf bis zu 9000 Jahre schätzen Wissenschaftler das Alter der Handabdrücke und Felsmalereien, die Tehuelche-Indianer in der Cueva de las Manos in der Schlucht des Río Pinturas hinterlassen haben (links).
Ein schier endloser Horizont und Wolken, die rasch am Himmel ziehen, sind die Synonyme der patagonischen Steppe (rechts).

Gedenkstätte am Straßenrand bei Río Mayo in der Provinz Santa Cruz: Ein Gebet an den Gauchito Gil bewirkt vielleicht ein Wunder.

Seit Beginn der Fahrt geht mir der Gedanke an die ersten Siedler Patagoniens nicht aus dem Kopf: Vor ihnen lag nichts als die unermessliche, unwirtliche Weite aus Stein und Sand und die Aussicht auf ein Leben mit vielen Schafen und ohne Nachbarn. «Der Fluch der Unfruchtbarkeit liegt über diesem Land, und das Wasser, das über den Fels rinnt, unterliegt derselben Verdammnis», hatte Charles Darwin (1809–1882) auf seiner zweiten Expeditionsreise an Bord der *Beagle* über die patagonische Meseta geurteilt. Wie hätte er auch ahnen können, dass sich einmal Millionen von Schafen auf der sandbraunen, kargen Ebene ernähren und für einen Wirtschaftsboom ohnegleichen sorgen würden? Und dass zum Zeitpunkt seiner Ankunft das weite Land südlich des Río Colorado seit über 10000 Jahren der Lebensraum nomadisierender Tehuelche war?

Jenseits von Raum und Zeit

Die Weiten Patagoniens durchweht eine Zeitlosigkeit, die sich zwangsläufig in das Bewusstsein eines jeden Reisenden einbrennt. Es scheint, als sei das karstige Land zwischen Anden und Atlantik erst gestern und nicht vor 350 Millionen Jahren aus dem Wasser aufgestiegen.

Als sei es keine achtzig Millionen Jahre her, dass der Argentinosaurus, der größte Pflanzenfresser unseres Planeten, in subtropischen Urwäldern weidete. Als lägen erst seit kurzem die petrifizierten Araukarienstämme in den Versteinerten Wäldern, hätte erst jetzt die Versteppung begonnen. Nur das Gürteltier in seinem Chitinpanzer hat als stummer Zeuge die Zeiten bis heute überdauert.

Den heftigen Schneestürmen im Winter fallen viele Rinder und Schafe zum Opfer. Häufig finden die Hirten im Frühjahr die Kadaver erfrorener Tiere auf den Weiden.

Der stolze, draufgängerische Held, der ungebunden das Land durchstreift, ist längst Legende. Mittlerweile verdingen sich die Gauchos als Viehhirten auf den Estancias. Doch eine Wahrheit gilt auch heute noch: ohne *criollo*, ohne Pferd, kein Gaucho.

Die patagonische Meseta ist eine der ewigen Landschaften unserer Erde, ewig im Wandel und ewig in ihrer Monotonie, in der die Zeit keine Rolle spielt, in der der Mensch nur als Gast geduldet, nicht aber zu Hause ist. Die Zeichen der Zivilisation in der Steppe zwischen dem Río Colorado und Kap Hoorn beschränken sich auf ein halbes Dutzend Schotterstraßen, einige Hundert Kilometer Schienenstrang, riesige Estancias und wenige Städte. Orte mit mehr als 20 000 Einwohnern zählen für patagonische Verhältnisse bereits zu Großstädten. Dazu gehören Bergbaudörfer wie Comodoro Rivadavia oder Caleta Olivia, die Provinzhauptstädte Río Gallegos und Viedma oder Hafenstädte wie Puerto Madryn und Trelew. Der Rest der Bevölkerung der argentinischen Südprovinzen Río Negro, Chubut und Santa Cruz siedelt in etwa zwanzig Kleinstädten mit bis zu 15 000 Einwohnern und knapp fünfzig Dörfern mit 1000 bis 5000 Menschen. Die Sonne scheint, so weit im Süden, zwei Stunden länger als in Buenos Aires. Zur Zeit der Sonnenwende im Sommer dauert der Tag 16,5 Stunden, nachts um zehn Uhr ist es noch taghell.

Kräftige Regenfälle lassen die Steppe im Frühling für kurze Zeit erblühen. Das sonst gelbe Pampagras zeigt sich in saftigem Grün und kleine Blumen und Polsterpflanzen setzen Farbtupfer in die Landschaft (rechts und Mitte). Mittlerweile fast ausgestorben ist das Gürteltier, das als ein Relikt aus prähistorischer Zeit die Jahrtausende überdauert hat (unten).

Punta Arenas – Tor zum Süden

Das chilenische Punta Arenas, ursprünglich von den Briten einige Kilometer südlich der heutigen Stadt gegründet, ist mit rund 120 000 Einwohnern der größte Ort Patagoniens. Noch 1849 lebten in der winddurchtosten Brettersiedlung am Ende der Welt lediglich 159 Menschen. Als Hafen am Ufer der Magellanstraße lange Zeit die Pforte für Siedler, Schafzüchter und Goldsucher aus der Alten Welt, erlebte Punta Arenas zwischen 1892 und 1920 seine goldene Ära. Alle Schiffe, die zur amerikanischen Westküste dampften, gingen hier bis zur Eröffnung des Panamakanals im Jahr 1914 vor Anker,

um sich vor der Fahrt durch die Magellanstraße mit Holz und Proviant einzudecken. Liefen 1910 noch täglich drei Schiffe ein, verirrten sich zehn Jahre später nur noch drei Dutzend pro Jahr in die südlichste Stadt der Welt. Heute ist Punta Arenas dank des Tourismus eine lebendige Kleinstadt mit kosmopolitischem Flair.

Zu Beginn dieses Jahrhunderts war Punta Arenas mit Trinkwasserleitungen und elektrischem Licht die fortschrittlichste Stadt Chiles. Kinos, Tanzsäle und Theater entstanden und boten den in der Fremde lebenden Siedlern ein Stück europäisches Lebensgefühl. Prächtige Villen wurden erbaut, deren verschwenderische Einrichtungen aus Europa kamen.

Fortsetzung Seite 147

Ein Leben im Sattel:

Gaucho und Estanciero – zwei Archetypen patagonischer Pioniere

An schwertartigen Eisen hängen über dem prasselnden Feuer zwei Lämmer und ein Kalb wie gekreuzigt. Mit seinem facón, dem ellenlangen Messer der Gauchos, trennt Don Manuel in schnellen Streichen das gar gegrillte Fleisch von den Knochen und verteilt es auf die Teller seiner Männer. Der asado, ein zünftiger Spießbraten, ist das Mittagessen der sechs Gauchos, deren Pferde angebunden vor der Hütte stehen. Ein Pferd, ein facón, ein Poncho, klirrende Sporen und ein Sattel – das ist häufig der einzige Besitz eines Gauchos. Die verwegene Truppe zählt zu jenen Wanderarbeitern, die in den patagonischen Sommermonaten von Oktober bis Januar von Estancia zu Estancia ziehen, um die Schafe von den Weiden zu treiben und in harter Akkordarbeit zu scheren. Wer Gauchos je bei der doma, dem Zureiten wilder Jungpferde, gesehen hat, könnte glauben, sie seien im Sattel geboren. Mit spielerischer Leichtigkeit halten sie sich auf dem Tier, das mit den Hinterbeinen ausschlägt, mit allen vieren in die Luft springt und doch vergeblich versucht, seinen Reiter abzuwerfen. Die linke Hand der Gauchos krallt sich in die Mähne, mit der rechten lassen sie die Lederpeitsche auf die Flanken des tobenden Pferdes sausen. Auch mit dem Lasso können die südamerikanischen Cowboys meisterhaft umgehen: Im fliegenden Galopp, in der einen Hand die Zügel, in der anderen das Lasso wirbelnd, fangen sie ausbrechende Rinder an den Hinterbeinen ein. Ein beliebter Wettkampf, der Geschicklichkeit und eine ruhige Hand erfordert, ist die sortija: Im gestreckten Galopp rasen die Reiter mit einer Nadel, der sortija, in der Hand auf einen Torpfosten zu, an dem ein Ring an einem Faden hängt. Gewonnen hat, wer den Ring auf die Nadel fädelt.

Die Geburtsstunde der Estancias schlug erst vor gut hundert Jahren. Aus Geldnot und um Gebietsansprüche gegenüber Chile zu bekräftigen, verpachtete die argentinische Regierung nach den Indianerfeldzügen um 1880 Ländereien zu Spottpreisen an europäische Einwanderer. So entstanden die riesigen Landgü-

Im Sattel geboren: Die Gauchos sind für ihre Reitkünste berühmt, die sie nicht nur bei der alltäglichen Arbeit, sondern auch bei diversen Wettkämpfen immer wieder unter Beweis stellen.

Ein patagonisches Ritual: Nach dem *asado*, dem Spießbraten (rechts), macht der Mate-Tee (links unten) die Runde.

Die Teeblätter werden mit kochendem Wasser übergossen, und den Sud saugt man durch die silberne *bombilla* ein.

ter, die noch heute die Lebensgrundlage der wenigen Menschen am Rand der Welt bilden. Die wirtschaftlich eigenständigen Estancias gleichen eher kleinen Dörfern als einem Viehbauernhof. Um den eigentlichen casco, bestehend aus dem Wohnhaus des Estanciero, dem Haus des Verwalters und den Gebäuden des Personals, scharen sich Scheunen und Handwerksbetriebe; manche Estancias besitzen sogar eine eigene Kapelle und eine Schule. Die Größe der Landgüter hängt von der jeweiligen Qualität des Bodens ab: Eine Estancia in der pampa húmeda, der feuchten, fruchtbaren Region im Norden Argentiniens, beispielsweise kann bereits mit 2000 Hektar Land rentabel sein. In der Provinz Santa Cruz, wo der Boden dürr ist und ein Hektar Land nur ein Schaf ernährt, müssen Estancias, um wirtschaftlich zu arbeiten, mindestens über 10 000 Hektar Grundbesitz verfügen. Selbst um solch riesige Landgüter führen zu können, braucht man in der Regel nur wenig Personal: In Betrieben mittlerer Größe (also mit 4000 bis 10 000 Schafen) sind meist nur der mayordomo, der Verwalter, der capatáz, der Vorarbeiter, eine Hand voll peónes, angestellte Landarbeiter, ein Handwerker und eine Köchin das ganze Jahr über im Einsatz.

Gaucho und Estanciero – das sind die gegensätzlichen Archetypen des patagonischen Pioniergeists: Der eine, Nachkomme aus der Verbindung von Spaniern und Indianern, war arm und doch ungebrochen in seinem Stolz. «Dios es gaucho!» – «Gott ist Gaucho!», lautet ein Spruch in der Pampa. Der andere war Nachfahre spanischer Offiziere oder britischer, italienischer und französischer Einwanderer. Der klassische Estanciero jener Zeit, Feudalherr, Richter und Bürgermeister in Personalunion, zählte zu den reichsten Männern der Erde, während die Gauchos durch das menschenleere

Land streiften und von der Jagd auf wilde Tiere und herumstreunende Rinder lebten. Besitz verachteten die Gauchos, deren Name auf Araukanisch «Waise» bedeutet, genauso wie Bindungen und geregelte Familienbeziehungen. Aus Rinderhäuten und Schaffellen bauten sie sich ihre Zelte. Von den Ureinwohnern übernahmen sie die boleadora, *drei lederumhüllte Wurfkugeln, die sie am Ende langer Stricke befestigten und wie ein Lasso schleuderten. Die Gauchos waren so sehr im Sattel zu Hause, dass sie barfuß ritten. Nur ihre Waden umwickelten sie zum Schutz gegen dornige Sträucher mit noch blutigen Kalbshäuten, die antrockneten und – einmal angepasst – bis zum Verschleiß getragen wurden.*

Die Gauchos des 19. Jahrhunderts gibt es heute nicht mehr, auch wenn die Schaf- und Viehhirten der Estancias Kleidung und Sitten des Gaucho bewahrt haben. Als alles Land verteilt und der Grundbesitz mit Stacheldraht eingezäunt war, konnten die Gauchos nicht länger frei umherstreifen und mussten sich als Tagelöhner auf den Estancias verdingen. Doch als Symbol von schrankenloser Freiheit und unbeugsamem Individualismus lebt der Gaucho bis heute im Nationalgefühl des argentinischen Volkes als Held fort. «Ich verglich uns oft mit anderen, fortgeschrittenen Zivilisationen», schreibt der argentinische Schriftsteller Ricardo Güiraldes (1886–1927) in seinem Roman «Das Buch vom Gaucho Sombra» (1926), «und erkannte, dass all unsere vermeintlichen Errungenschaften nur ein Abklatsch waren und dass nur ein authentischer Charakter unter uns lebte – der Gaucho.»

Wenn der nächste Nachbar Hunderte von Kilometern entfernt wohnt, ist die Funkstation oft die einzige Verbindung der Estancia zur Außenwelt.

Die Rinderbarone der Pampa und die Schafbarone Patagoniens lebten (und leben noch heute) in einer Welt, die sie aus Europa, ihrer fernen Heimat, importierten. In den Kreisen der Estancieros sprach man nicht spanisch, sondern parlierte französisch, und die Herrenhäuser zwischen Buenos Aires und Feuerland waren ganz in der luxuriösen Eleganz der Alten Welt ausgestattet. Die latifundistas, *die Großgrundbesitzer, besuchten meist nur während der Sommerferien ihre Ländereien im fernen Süden.* El patrón, *der Herr, residierte mit seiner Familie in Buenos Aires, hatte einen Zweitwohnsitz in Paris und ließ seine Ländereien von Verwaltern bewirtschaften. Wer wollte schon ohne Notwendigkeit den eisigen Winter mit seinen gnadenlosen Stürmen in der trostlosen patago-nischen Meseta verbringen?*

Eine Estancia bei Río Gallegos: Viele der Herrenhäuser ließen britische Estancieros als Fertigbausätze aus der Heimat nach Patagonien transportieren.

Tatsache ist: Um 1910 gehörte Argentinien dank seiner unermesslichen Fleisch- und Wollexporte zu den zehn reichsten Nationen der Erde, gleichauf mit Kanada. Es waren die Jahre von 1855 bis 1930, als Argentinien durch technische Errungenschaften wie den Eisenbahnbau und die Erfindung des Kühlschranks zur Weltmacht des Fleisches aufgestiegen war. Heute haben zwar immer noch einige Estancieros ihren Hauptwohnsitz in Buenos Aires, doch die goldenen Zeiten der Schaffarmer sind vorbei. Die sinkenden Wollpreise und Subventionskürzungen haben viele Estancias an den Rand des Ruins getrieben. Dass man den Tourismus als zusätzliche Einnahmequelle entdeckt hat und Urlauber auf den Landgütern aufnimmt, ist oftmals nur ein Tropfen auf den heißen Stein. In den letzten Jahren wurde in der Provinz Santa Cruz eine Estancia nach der anderen aufgegeben – eine große Ära nähert sich allmählich ihrem Ende.

Für seinen wöchentlichen Kneipenbesuch nimmt der Besitzer der Estancia Santa Maria bei Colonia Sarmiento eine mehrstündige Autofahrt in Kauf.

Britische Gemütlichkeit auf Feuerland: Die gediegene Einrichtung im Herrenhaus der Estancia Viamonte ist seit Jahrzehnten unverändert geblieben.

Harte, gelbe Grasbüschel prägen die Steppenlandschaft am Lago Cardiel nördlich von Tres Lagos.

Wenn im Frühjahr die Zeit der Schafschur gekommen ist, herrscht auf den Estancias Hochbetrieb. Aus dem Norden Patagoniens ziehen ganze Trupps professioneller Schafscherer nach Süden, um auf den Landgütern ihre Arbeitskraft anzubieten. Während man früher eine halbe Stunde pro Tier veranschlagte, brauchen die Männer heute nicht einmal drei Minuten, um ein Schaf mit dem Elektromesser in harter Akkordarbeit von seiner Wolle zu befreien.

Der Hirtenhund ist nicht nur beim Zusammentreiben der Schafe unentbehrlich; oft ist er auch der beste Freund und Spielkamerad der Kinder.

Eine Estancia bei Puerto Natales. «In Patagonien muss man zwischen dem Winzigen und dem Weiten wählen», schrieb der Autor Paul Theroux.

Oftmals ist der Himmel über der Steppe wesentlich dramatischer als das Geschehen auf der Erde (links oben). Auf der Ruta Nacional 40 herrscht zwischen Bajo Caracoles und Tres Lagos das Nichts: 300 Kilometer endlose Weite (rechts). Einziger Vorposten der Zivilisation inmitten dieser Einöde ist das Hotel Las Horquetas, eine Kneipe, in der sich die Gauchos der «benachbarten» Estancias treffen (unten).

Es war die Zeit, in der einige wenige Schafbarone und Großgrundbesitzer große Vermögen anhäuften. Namen wie José Nogueira, ein geschäftstüchtiger portugiesischer Walfänger, José Menéndez, spanischer Kaufmann, und Sara Braun, als Kind mit ihren Eltern 1874 aus Litauen geflüchtet, sind bis heute untrennbar mit der Besiedlung und Eroberung Patagoniens verbunden. Die mächtige *Sociedad Anónima Importadora y Exportadora de la Patagonia* (Patagonische Import- und Exportgesellschaft), hervorgegangen aus der Union der Familienclans der Braun und Menéndez, herrschte nahezu uneingeschränkt vom südlichen Patagonien bis nach Santiago und Buenos Aires.

Winzige Schönheiten: Die Blüten der Polsterpflanzen haben oft nur einen Durchmesser von fünf Millimetern.

Etwa 65 Millionen Jahre alt sind die erosionszernagten Baumstämme in den Versteinerten Wäldern, die entstanden, als Patagonien noch von riesigen Araukarienwäldern bedeckt war.

Der Jugendstilpalast von Sara und Mauricio Braun, heute ein Museum, zeugt vom Reichtum der Schafbarone um die Jahrhundertwende. Der Festsaal ist mit Blattgold ornamentiert, die Wände des Esssaals sind mit Leder aus Andalusien beschlagen und im Billardzimmer liegt ein Nussbaumholz-Parkett. Zu den technischen Finessen der prachtvoll ausgestatteten Villa gehörten Zentralheizung und Telefon – acht Jahre nach Erfindung des Fernsprechers.

Die Freiheit, die Patagonien verheißt, fand ich auf dem Rücken der Pferde. Am Fuß der Anden trabte mein kräftiges *criollo* – so werden die Arbeitspferde der Gauchos genannt – schnaubend über das Flachland, stakste durch Flussläufe, das Wasser bis zum Bauch, und fand sicher seinen Tritt in winddurchwehten Tälern. Auf einer grenzenlos weiten Ebene ließ ich dem Pferd dann die Zügel. Ich hörte das dumpfe Trommeln der Hufe und sah Sträucher, Wolken und Berge in dem gleißenden Licht der südlichen Sonne vorüberfliegen. Das Blut pochte in meinen Schläfen. Da wurde etwas in mir ganz ruhig und ich wollte nichts mehr – nur noch so reiten, einfach weiterreiten, in einem endlosen Galopp von einem Rand des Horizonts zum nächsten.

An den verwitterten Gesteinsgebilden in den Versteinerten Wäldern José Ormachea lässt sich die geologische Vergangenheit Patagoniens ablesen.

Tief hat sich der Río Pinturas in die Steppenlandschaft Südpatagoniens eingegraben.

Bewährtes Mittel gegen die Mittagshitze: Am Strand der Halbinsel Valdés fächelt sich ein See-Elefant feuchtkühlen Uferkies über den Rücken.

Die Küste der Tiere

Tausend Seemeilen entlang der patagonischen Atlantikküste

Vor dem schwer durch die Wellen stampfenden Zweimaster *Regina Maris* liegen 1000 Seemeilen durch den stürmischen Atlantik. Auf der *Regata Patagónica*, einer Segelregatta von Buenos Aires nach Puerto Santa Cruz, erwarten uns nasskalte Nachtwachen an Deck und die Begegnung mit den weltweit größten Kolonien von Seelöwen, See-Elefanten und Pinguinen an Land. Für zwei Wochen ist die *Regina Maris* Heim, Welt und gegebenenfalls Leichenkiste der dreiköpfigen Crew. Zugegeben: Es ist ein mulmiges Gefühl, sich auf Gedeih und Verderb der Seetauglichkeit eines Schiffes und der Fähigkeit des Kapitäns anzuvertrauen. Noch bis vor hundert Jahren kreuzten auf der Route vor der argentinischen Küste Hunderte von Segelschiffen: Kaufmannsschiffe mit Gewürzen von den Molukken, Passagierschiffe mit den ersten Siedlern Patagoniens, später Lastschiffe, beladen mit Salpeter aus Chile. Auf dem Meer unterwegs wie einst Kolumbus, Magellan oder Sir Francis Drake – trotz Satellitennavigation und Hilfsmotor haben Segelschiffe bis heute kaum etwas von ihrer ursprünglichen Faszination eingebüßt.

Carmen de Patagones ist der Zielort der ersten Etappe. Die Hafenstadt 150 Kilometer südlich des Río Colorado wurde von den Spaniern 1779 als erste befestigte Siedlung Patagoniens gegründet. Die Torre del Fuerte bei der Plaza, zuerst Wachturm, dann Glockenturm der ersten Kapelle, dokumentiert die koloniale Vergangenheit des Städtchens an der Mündung des Río Negro, das mittlerweile 15 000 Einwohner zählt. Über zwei Brücken ist Carmen de Patagones mit Viedma, der Hauptstadt der Provinz Río Negro, verbunden. Per Dekret von 1986 sollte Viedma der Millionenmetropole Buenos Aires den Rang als Landeshauptstadt streitig machen. Raúl Alfonsín, von 1983 bis 1989 erster argentinischer Staatspräsident nach den Jahren der Militärdiktatur, wollte, dem Beispiel Brasilias nacheifernd, mit der Verlegung der staatlichen Verwaltung nach Süden Patagonien ähnlich erschließen wie die Brasilianer das Amazonasbecken. Das ehrgeizige Projekt ruht jetzt in der Schublade.

Südlich von Viedma liegt die Lobería, die größte Robbenkolonie Nordpatagoniens. Dicht gedrängt liegen die Meeressäuger an dem steinigen Strand unter den fast 100 Meter hohen Klippen und schon aus der Ferne ist ihr röhrendes Bellen zu hören. Je nach Jahreszeit versammeln sich hier bis zu 3000 Tiere.

Früher gingen Entdecker, Piraten und Kaufleute in Puerto San Julián vor Anker. Heute hat das verschlafene Kaff knapp 5000 Einwohner, die zumeist vom Garnelenfang leben (oben). Fischerboote schaukeln im Hafen von Rawson, der kleinen Hauptstadt der argentinischen Provinz Chubut (rechts).

Die patagonische Atlantikküste ist rau und spröde, ihre Reize enthüllt sie erst auf den zweiten Blick: am Cabo Blanco an der Südspitze des Golfo San Jorge.

Eine wichtige Orientierungshilfe: Der moderne Leuchtturm an der Punta Dungeness bewacht die Einfahrt vom Atlantik in die Magellanstraße.

Für die Ureinwohner, die Tehuelche, war der Robbenfang ein Teil ihres kulturellen Erbes gewesen: Jahrtausendelang hatten sie nur so viele Tiere erlegt, wie es zur Sicherung ihres Lebensunterhalts notwendig war. Erst im 19. und 20. Jahrhundert gingen profitgierige Robbenjäger daran, wegen der begehrten Felle ganze Kolonien systematisch auszurotten. Heute stehen die Meeressäuger unter Naturschutz und die Bestände nehmen allmählich wieder zu. Die Zukunft der Tiere scheint gesichert.

Wale, Seelöwen und Pinguine

Wir setzen Segel mit Kurs auf Puerto Madryn. Eine stetige frische Brise treibt die *Regina Maris* vor sich her. Im Golfo San Matías begleitet uns über mehrere Meilen ein Delfin. Der elegante Schwimmer

umspielt haarscharf unseren Bug, der gischtend durch die Wellen schneidet. Einmal sehen wir den Blas und die Schwanzflosse eines Wales in der azurblauen See. Wenige Meilen vor der Steilküste der Halbinsel Valdés schießt nicht weit von uns entfernt einer der mächtigen Monarchen der Meere aus dem Wasser: Eingehüllt in einen glitzernden Vorhang aus Sprühwasser wuchtet sich der Wal für Bruchteile von Sekunden zehn, zwölf Meter hoch in den Himmel. Dann stürzen 40 Tonnen Lebendgewicht tosend zurück in die See.

Landgang in Puerto Madryn. Das moderne Seebad am Golfo Nuevo ist der ideale Ausgangsort für einen Ausflug nach Punta Tombo, dem weltweit größten Brutplatz von Magellanpinguinen.

Fortsetzung Seite 166

Im Naturreservat Cañadón del Duraznillo ziehen jedes Jahr Tausende von Seelöwen ihre Jungen auf.

Monarchen der Meere

Rendezvous der Südlichen Glattwale

Jahr für Jahr finden sich *zwischen Juli und November die Südlichen Glattwale (Euballena australis) in dem ruhigen Golfgewässer vor der Halbinsel Valdés ein. Hier bieten sich den massigen Meeressäugern ideale Bedingungen zur Überwinterung und Arterhaltung. In der geschützten Bucht von Puerto Pirámides paaren sie sich, und hier bringen die Walkühe ihre Jungen zur Welt. Schon das Waljunge ist mit vier Metern Länge größer als die Dinghis, die mit Touristen an Bord zum Whale-Watching auf das Meer fahren. Die 16 Meter langen Walkühe wiegen mit über 35 Tonnen so viel wie acht Elefanten oder fünfzig Ochsen. Wenn die Kälber nach drei Monaten stark genug sind, wandern die mächtigen Monarchen der Meere im Dezember auf der Suche nach Nahrung in den offenen Südatlantik hinaus.*

Bereits Aristoteles wusste, dass Wale keine Kiemen-, sondern Lungenatmung haben. Vor etwa sechzig Millionen Jahren verlegten die Meeressäugetiere ihren Lebensraum vom Land in das feuchte Element. Ihre Vorfahren waren landlebende Reptilien, die die Erde vor 270 bis 180 Millionen Jahren beherrschten. Aus den säugerüblichen Hinterbeinen

entwickelte sich die kräftige Schwanzflosse, mit der Wale Rekorde im Tieftauchen und Langstreckenschwimmen aufstellen. So tauchen Pottwale auf ihrer Jagd nach Tintenfischen weit über 1000 Meter tief und können länger als eine Stunde unter Wasser bleiben.

Unvorstellbar, dass man diese sanften und friedlichen Tiere zu Tausenden abgeschlachtet hat. Bereits seit dem 12. Jahrhundert wurden sie gejagt und auch die Walfänger des 18. und 19. Jahrhunderts kannten kein Pardon. 1725 startete die erste Walfangexpedition unter schottischer Flagge in den Südatlantik. Die Walfänger richteten schreckliche Blutbäder unter den Tieren an, die aufgrund ihrer Langsamkeit leicht mit Harpunen von offenen Ruderbooten aus erlegt werden konnten. Die Jagd war ein einträgliches Geschäft: Ein erlegter Bartenwal erbrachte 20 000 Liter kostbaren Waltran. Im 19. Jahrhundert kreuzten über siebenhundert englische, skandinavische und nordamerikanische Walfänger vor der argentinischen Küste. Aber erst die modernen Fangflotten mit Harpunenkanonen gestalteten die Jagd zur Massenabschlachtung. Allein zu Beginn der dreißiger Jahre wurden in der Antarktis 40 201 Großwale getötet.

Etwa achtzig Walarten bevölkern heute die Weltmeere. Zu den besonders stark gefährdeten Gattungen gehören Narwal, Grönlandwal, Buckelwal und Blauwal. In der Antarktis zum Beispiel leben von ursprünglich über 250 000 Blauwalen nur noch schätzungsweise fünfhundert Tiere. 1935 wurde ein erstes weltweites Schutzabkommen unterzeichnet, und seit 1984 sind alle in argentinischen Gewässern auftauchenden Wale per Gesetz als «Naturdenkmäler» geschützt. Die Säugetiere haben sich seitdem langsam, aber stetig wieder vermehrt. Mittlerweile schwimmen jedes Jahr wieder etwa dreitausend Glattwale in die Bucht von Puerto Pirámides. Aber auch die massiven Umweltveränderungen stellen eine Gefahr für die Wale dar. «In der Tiefe, unten im grundlosen Blau, wälzten Schwertfisch, Wal und Hai ihre mächtigen Leiber», schrieb Herman Melville in seinem Klassiker «Moby Dick», «und dies war das starke, ruhelose, mörderische Denken des männlichen Meeres.» Es ist jedoch eher das mörderische, profitorientierte Denken des Menschen, das erst angesichts von Katastrophen, die sein eigenes Überleben gefährden, einlenkt und die Weichen für die Bewahrung der Schöpfung stellt.

Seit Jahrtausenden bringen die Südlichen Glattwale an der patagonischen Atlantikküste ihre Jungen zur Welt. Es ist ein atemberaubendes Schauspiel, wenn einer der Meeresriesen zum Luftholen an der Wasseroberfläche auftaucht. Bevor der Wal wieder in den blauen Tiefen verschwindet, sieht man kurz seine Fluke, die mächtige Schwanzflosse. Zu den natürlichen Feinden der Glattwale zählt der Orca (oben), der den unbeholfenen Jungtieren nachstellt und sie tötet.

Im Norden der Halbinsel Valdés befindet sich die weltweit einzige Festlandkolonie von See-Elefanten. Ende August kommen die schwergewichtigen Bullen aus der Antarktis und erobern an den Stränden ihre Reviere. Erst später folgen dann die Weibchen.

Magellanpinguine im Naturschutzgebiet Punta Tombo: Die äußerst geschickten Schwimmvögel bewegen sich an Land eher schwerfällig.

Seelöwen (oben Mitte) können nicht von Geburt an schwimmen. Erst wenn die Jungtiere einen Monat alt sind, machen die Eltern sie mit dem nassen Element vertraut.

Bei den Magellanpinguinen, die Jahr für Jahr ihre angestammten Nistplätze aufsuchen, ist Arbeitsteilung angesagt: Männchen und Weibchen wechseln sich beim Brüten der Eier ab und erziehen später auch die Jungen gemeinsam.

Auch zur Halbinsel Valdés ist es von Puerto Madryn aus nicht weit. Hier befinden sich die bedeutendsten Tierkolonien Argentiniens: Auf der Landenge Ameghino liegt das Naturreservat Isla de los Pájaros, wo Zehntausende von Vögeln, darunter Kormorane und Albatrosse, nisten. An der vom brandenden Atlantik ausgewaschenen Steilküste bei Punta Caleta kann man sich bis auf wenige Meter See-Elefanten nähern; die an Land schwerfälligen Bullen bringen nicht selten vier Tonnen auf die Waage. Die touristische Hauptattraktion der Halbinsel sind jedoch die Südlichen Glattwale, die alljährlich von Juli bis November in die Bucht bei Puerto Pirámides kommen, um sich zu paaren und ihre Jungen zur Welt zu bringen. Die Meeressäuger finden hier in dem kalten, planktonhaltigen Falklandstrom, der von der Antarktis auf seinem Weg nach Norden die Küste streift, reichlich Nahrung.

Magellanpinguine sind ausgesprochen gesellige Tiere, die gegenüber ihrem Partner und den Jungtieren ein hohes Maß an Fürsorglichkeit zeigen.

Südlich des Cabo Dos Bahías hat das Schönwettersegeln ein Ende. Das Logbuch vermerkt ständig fallenden Luftdruck und das Barometer lügt nicht: Sturmwarnung – was unterhalb des 40. Breitengrades keine Seltenheit ist. Böiger Ostwind braust in der Takelage. Wie ein mächtiger Dom aus weißem Segeltuch ragt das straff geblähte Focksegel in den bedrohlich dunklen Nachthimmel. Mit zehn Knoten rauscht der Zweimaster in voller Fahrt durch die Wogen des Atlantischen Ozeans. Zur Mitternachtswache beginnt es in schweren Tropfen zu regnen, Minuten später scheinen Himmel und Meer eins zu werden. Bei Windstärke zehn treibt fliegende Gischt in Schwaden horizontal über das Deck. Rings um die Bordwand türmen sich die Schaumkronen tosender Wellenbrecher bedrohlich hoch auf. Wassermassen schlagen donnernd über die Reling und laufen gurgelnd über die Speigatts ab. In der Takelage heult der Sturm. Schwer stampfend arbeitet sich das Segelboot durch die See. Über den Mastspitzen jagen schwarze Wolkenfetzen dahin. Die *Regina Maris*, die «Königin der Meere», bockt, als sei sie eine wild gewordene Kuh.

Im Westen der Halbinsel Valdés nisten Millionen von Seevögeln, darunter Austernfischer (rechts), Kormorane, Flamingos und Seeschwalben.

Mittlerweile kann man am Cabo Blanco wieder Pelzrobben beobachten, die profitgierige Jäger beinahe schon ausgerottet hatten. Seit die Tiere unter strengen Schutz gestellt wurden, erholen sich die Bestände langsam.

Am Cabo Blanco tummeln sich Tausende von Kormoranen, denen der fischreiche Falklandstrom ein schier unerschöpfliches Nahrungsangebot liefert.

Auf Deck ertasten meine klammen Finger einen Haltegriff nach dem anderen. Wir arbeiten verbissen, um die im Wind knatternden Segel einzuholen und das nasse Segeltuch auf dem Mastbaum festzuzurren. Schweiß und Gischt brennen in den Augen. Der kalte Sturmwind peitscht Regenwasser in den Kragen des durchweichten Ölzeugs. Angst? Ja! Ein Augenblick der Unachtsamkeit, ein falscher Griff – und das wilde Auf und Ab schleudert den Unvorsichtigen unweigerlich in die brodelnde See. Unter mir scheinen die Wellen mit ihren weißen Gischtkronen schon die Zähne zu blecken. Das Erlebnis der Gewalt hereinwaschender Brecher im Sturm beendet im Handum-

Eine Pelzrobbe genießt das Bad in den kühlen Fluten des Atlantiks.

drehen jegliche romantische Liebe zur Seefahrt. Und doch: An der Grenze unseres Daseins, in der Lust der Gefahr, intensiviert sich jeder Augenblick des Lebens.

Endlich wieder im sicheren Hafen. Caleta Olivia wirkt, obwohl ähnlich trostlos wie viele andere Erdölförderstätten an der Küste, nahezu idyllisch nach den harten Tagen auf hoher See. Wenige Kilometer nördlich begann der patagonische Ölboom: Bei der heutigen Stadt Comodoro Rivadavia bohrte der deutsche Geologe Josef Fuchs nach Trinkwasser und stieß dabei am 13. Dezember 1907 zufällig auf das «schwarze Gold». Seitdem wird dieser Tag als *fiesta*

Dornige Schönheit: Leuchtend gelb blüht dieser Kaktus in der Steppe (links). Ein Souvenir der Urzeit: die Versteinerten Wälder von Jaramillo (unten).

nacional del petroleo, als Nationalfest des Petroleums, gefeiert. Überall verstreut in der Steppe, deren charakteristische Büsche entfernt an die mediterrane Macchia erinnern, schwingen heute die Pumpgewichte der Fördertürme auf und ab. *Cisnes negros*, schwarze Schwäne, nennen die Einheimischen wegen ihrer skurrilen Form die Stahlskelette – eine treffende Bezeichnung.

Zeugen der patagonischen Urzeit

Caleta Olivia liegt auf halber Strecke zwischen den Versteinerten Wäldern bei Colonia Sarmiento und Jaramillo im Landesinneren. Die *bosques petrificados* sind eine Region von ganz eigenem Zauber, eine Landschaft, die mit nichts in Patagonien vergleichbar ist: Mineralisierte Baumstämme ruhen, quasi als Souvenir der patagonischen Urzeit, im ockerfarbenen Schichtgebirge von Abigarrado und in der offenen Pampa wie riesige Tempelsäulen am Boden. Einige sind über 30 Meter lang, andere haben einen Durchmesser von drei Metern und wiegen bis zu 100 Tonnen. Die Bäume erstickten vor etwa 65 Millionen Jahren, als Patagonien noch Teil von Gondwana-Land war und Mammutvögel über riesigen Araukarienwäldern kreisten. Nach Vulkanausbrüchen führte der Ascheregen zu ihrer Versteinerung. Durch starke Erosion und die sich bewegende Erdkruste gelangten die petrifizierten Stämme wieder an die Oberfläche.

Ein wild wuchernder Teppich aus Flechten, endemischen Moosen und Aufsitzerpflanzen profitiert an der Laguna Azúl von der hohen Luftfeuchtigkeit.

Historische Küstenstädte

Weiter im Süden machen wir Stopp in Puerto Deseado, später in Puerto San Julián und zuletzt in Puerto Santa Cruz, das bis heute ein Schlupfwinkel abseits des Tourismus geblieben ist. Die Naturhäfen wurden in den vergangenen Jahrhunderten von den Karavellen der Piraten, Weltumsegler und Kaufleute angesteuert, um Trinkwasser aufzunehmen. So erhielt Puerto Deseado (Port Desire) am Golfo San Jorge seinen Namen von dem Freibeuter Thomas Cavendish, der hier 1586 mit seinem Schiff *Desire* vor Anker ging. 1884 ließen sich die ersten Kolonisten nieder. Heute lebt die Mehrzahl der 9000 Einwohner des Städtchens vom Garnelenfang.

In Puerto San Julián, einem verschlafenen 5000-Seelen-Kaff mit alten Wellblechhäusern, gibt es drei Konservenfabriken für Muscheln und Garnelen. Auf der vorgelagerten Insel wurde einst kurzer Prozess mit meuternden Seefahrern gemacht: Magellan ließ hier im Winter 1519 zwei Besatzungsmitglieder als abschreckendes Beispiel für die Mannschaft vierteilen, und Sir Francis Drake befahl an gleicher Stelle, einen rebellischen Matrosen zu köpfen.

Schon Bruce Chatwin verkehrte im Café Carrera in Río Gallegos (oben), dem größten Ort der Provinz Santa Cruz (unten). Weihnachtliche Dekoration in einer Bar in Camarones: Die schlichte Ausstattung des Lokals scheint die Kargheit des Landes widerzuspiegeln (Mitte).

Der letzte Zug ist längst abgefahren: Am stillgelegten Bahnhof von Jaramillo pfeift nur noch der Wind über die staubigen Schienen.

Am Morgen des 13. Tages segeln wir in die Mündung des Río Santa Cruz ein. Der Name des windschiefen Wellblechdorfs Puerto Santa Cruz, «heiliges Kreuz», erinnert an das besitzergreifende Ritual der Spanier, bei der Landnahme ein Kreuz in die Erde zu rammen. Abschied im Hafen von Santa Cruz. «Immer eine Handbreit Wasser unter dem Kiel», wünsche ich Kapitän Jürgen Kloster. Die *Regina Maris* wird durch die Magellanstraße in den Pazifik weitersegeln, auf mich wartet der Schreibtisch. Wer weiß, für wie lange. Denn wer einmal das Hochgefühl erlebt hat, die Weite des Ozeans zu durchqueren, den wird die Faszination von Abenteuer und Freiheit unter Segeln nie wieder loslassen.

Ein Boden wie Schweizer Käse: Am Cabo Dos Bahías bei Camarones brüten die Pinguine in Erdhöhlen.

Gunther Plüschow – Flieger über Feuerland

***Er war der erste Mensch**, der die patagonischen Anden, Feuerland und Kap Hoorn überflog und die erste Luftpost von Punta Arenas in Chile nach Ushuaia in Argentinien brachte: der deutsche Luftfahrtpionier Gunther Plüschow, geboren am 8. Februar 1886 in München, der mit zehn Jahren seine Karriere an der Militärakademie begann und schon zu Lebzeiten eine Legende war.*

Als Plüschow 1928 mit seinem offenen einmotorigen Heinkel-Doppeldecker He 24 W über den patagonischen Anden kreiste, steckte die Fliegerei noch in den Kinderschuhen. Schließlich waren nur 25 Jahre zuvor den Gebrüdern Wright die ersten gesteuerten Motorflüge überhaupt geglückt. «Knapp eine Stunde und 45 Minuten hat der Flug nach Ushuaia gedauert», schwärmte Plüschow im Dezember 1928. «Wir sind das erste Flugzeug der Welt, das Feuerland überflog, wir sind damit Bahnbrecher für die hinter uns Kommenden.»

Ein Pionier der Luftfahrt: Bereits 1928 erkundete Gunther Plüschow mit seinem offenen Doppeldecker Heinkel HD 24 W die südlichen Anden.

Condor de plata, *«Silberkondor», nannten die staunenden Chilenen Plüschows Flugzeug, weil es groß wie ein Kondor war und in der Luft silbern glänzte. Mit seinem Bestseller «Silberkondor über Feuerland», 1929 in einer Auflage von 100 000 Exemplaren erschienen, stellte der Pilot die Schönheit Patagoniens erstmals einer breiten Leserschaft in Deutschland vor. Auch sein gleichnamiger Dokumentarfilm wurde vom Kinopublikum in Hamburg und Berlin begeistert aufgenommen. In Patagonien war Plüschow jedoch noch weitaus bekannter als in seiner Heimat. Im Auftrag des Argentinischen Kartographischen Instituts fotografierte er die südlichen Anden aus der Luft. Dabei kämpfte Plüschow mit Stürmen, schlechten Sichtverhältnissen und vereisten Tragflächen – der wohl größten Gefahr in einer Wildnis, die zuvor noch nie ein Mensch gesehen hatte. «Alles ist ewiges Eis, Eis und immer wieder eine einzige zusammenhängende kontinen-*

Der legendäre *Silberkondor* während der Feuerland-Expedition: Gunther Plüschow hatte sein Flugzeug in Einzelteilen nach Chile verschiffen und in Punta Arenas zusammenbauen lassen.

Am 28. Januar 1931 starteten Gunther Plüschow und sein Bordmechaniker, Ingenieur Ernst Dreblow, zu ihrem letzten Flug. Tagelang hatten sie versucht, gegen treibende Eisberge und Fallböen aus einem Felskrater der Hochkordillere, in den sie «ein unheimlicher, nie erlebter Luftstrudel» geschmissen hatte, herauszukommen. Plüschows letzter Logbucheintrag lautet: «Starten ist unmöglich, es schwimmen noch zu viele Eisbrocken vom Gletscherbruch herum, die uns die Schwimmer neu aufreißen können. (...) Wir müssen jetzt starten! Ich will hier heraus! Ich will und werde!! Ist der Fliegertod mein Fliegerlos – dann nicht hier!!!» Vergeblich: Die Tsingtau 1313 *zerschellte, von einer Fallböe in die Tiefe gerissen, im eisigen Wasser des Brazo Rico. «Kapitän gunther plüschow und begleiter mit flugzeug silberkondor tödlich abgestürzt», telegrafierte am Nachmittag des Unglückstages der Transradio-Depeschendienst aus Buenos Aires.*

Der Pilot als Kameramann und Regisseur: Mit «Silberkondor über Feuerland» schuf Gunther Plüschow einen der ersten abendfüllenden Dokumentarfilme.

tale Eismasse, die von Riesengletscherflüssen durchzogen ist. Durchschnittliche Flughöhe 4500 Meter. In dieser Höhe schramme ich immer knapp über die Gletscherspitzen hinweg. (...) Ich halte die Karte der Hochkordillere auf meinen Knien – quer über die großen weißen Flecken steht mit roter Schrift ‹Unerforscht›. Seit Jahren haben mich diese Flecken angegrinst – jetzt grinse ich. Mit zwei starken blauen Kreuzen streiche ich das ‹Unerforscht› aus!»

Zeitzeugen bleibt die Begegnung mit Plüschow unvergesslich. «Als ich sechs Jahre alt war, sah ich das Flugzeug, wie es bei strahlendem Wetter mehrere Runden um den Gipfel des Fitz Roy drehte», sagt Irene Madsen, die Tochter von Andreas Madsen, der als Matrose nach Feuerland kam und eine Estancia im Tal des Río de las Vueltas am Fuß des Cerro Fitz Roy gründete. «Es war das erste Flugzeug, das ich in meinem Leben gesehen habe, und darum habe ich dieses Bild noch vor mir, als wäre es gestern gewesen.»

Langsam und majestätisch senkt sich der Abend über das Land und hüllt die Hochebene in Wolken ein.

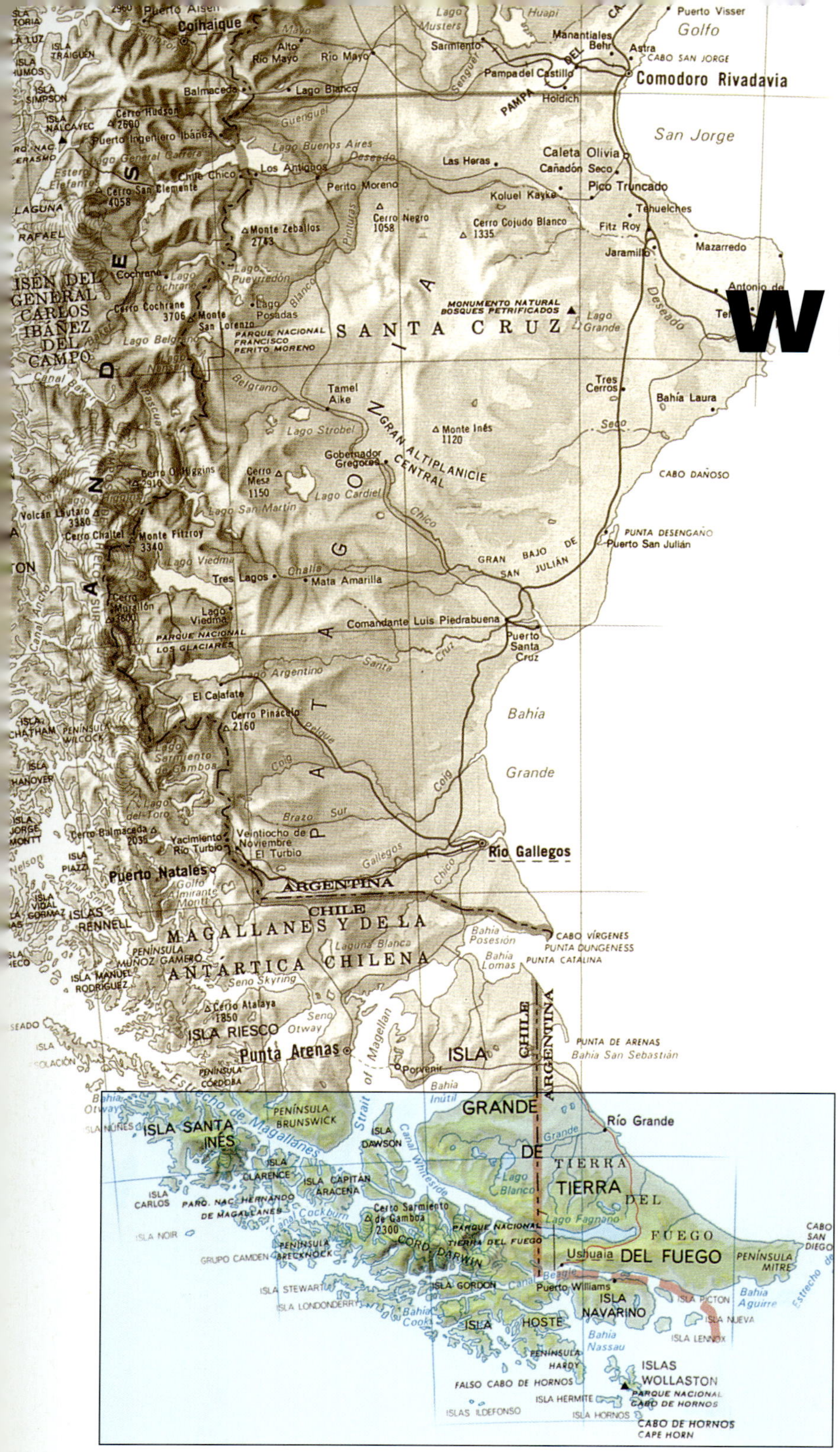

Amerikas wilder Süden

Von der Magellanstraße bis Kap Hoorn: Feuerland

«Auf Feuerland sind eigentlich alle Orte stürmisch», sagt Miguel Soto, Reiseführer in Punta Arenas, «der Regen ist ein treuer Freund in diesen Breiten.» Dennoch schwärmt er von der unwegsamen Wildnis Feuerlands, von unberührten Wäldern, von engen Seekanälen und einsamen Inseln, die bislang nur wenige Menschen gesehen haben. «Allerdings», so räumt er ein, «wer diese Natur entdecken will, muss bereit sein zu leiden.»

In der zerrissenen Inselwelt Feuerlands leben nicht einmal 40 000 Menschen auf einer Fläche von über 70 000 Quadratkilometern, einem Gebiet so groß wie Dänemark. Die wenigen größeren Siedlungen wie Puerto Williams, Porvenir, Río Grande und Ushuaia, die südlichste Stadt der Welt, lassen sich an den Fingern einer Hand abzählen. Rund 250 Estancias liegen weit über das Land verstreut. Einige von ihnen sind größer als Nationalparks in Europa und verfügen über eigene Flugplätze. Nicht selten wohnt der nächste Nachbar mehr als 100 Kilometer entfernt.

«Die Gewässer vor Feuerland zählen zu den heimtückischsten und gefährlichsten der Welt», klärt uns Luis Montaner, Lotse und Kapitän aus Punta Arenas, auf. «Deshalb war es sehr schwierig, dieses Land zu kolonisieren. Zahlreiche Expeditionen sind gescheitert, viele Menschen haben in den haushohen Wellen bei Kap Hoorn

Als sei die Welt gestern erst erschaffen worden: düstere Urlandschaft am steinigen Ufer des Beaglekanals in der Nähe der Estancia Harberton.

Wie eine Festung aus Fels und Eis: Die vereisten Gipfel der Darwin-Kordillere überragen als südliche Ausläufer der Anden den Beaglekanal.

Leuchtturm am Ende der Welt: Auf einem Felseiland im Beaglekanal weist der Faro les Eclaireurs den Schiffen den sicheren Weg in den Hafen von Ushuaia.

Mittlerweile fahren europäische, amerikanische, chilenische und argentinische Kreuzfahrtschiffe, darunter die stolze *Sea Cloud* und die *Pacific Princess*, in den Sommermonaten durch die Kanäle Feuerlands bis in die Antarktis. Die Zeiten, als Hunger und Skorbut unter den Passagieren wüteten, sind natürlich vorbei. An Bord werden Champagner, Lachs und eigens eingeflogenes Gemüse serviert.

Nachdem sich nach der Entdeckung Feuerlands jahrhundertelang niemand für das Land im äußersten Süden Amerikas interessiert hatte, siedelt heute eine multikulturelle Gesellschaft am Ende der Welt. Es sind Einwanderer aus Argentinien und Chile mit spanischen Vorfahren, außerdem Skandinavier, Briten, Serben, Kroaten, Deutsche und Italiener. Sie alle sprechen spanisch und verstehen sich eigentlich bestens – wäre da nicht der Grenzkonflikt zwischen Chile und Argentinien, der in den vergangenen Jahren immer wieder dazu geführt hat, dass die Grenze, die im *tratado de los limites*, dem Grenzvertrag von 1881, schnurgerade durch Feuerland gezogen wurde, schwer zu passieren war oder der Schiffsverkehr zwischen dem chilenischen Puerto Williams und Ushuaia in Argentinien monatelang eingestellt

Auf einem Felsen im Beaglekanal tummelt sich ein Mähnenrobben-Bulle mit seinem Harem. Die massigen Tiere, die mehr als 520 Kilogramm schwer werden, versammeln bis zu neun Weibchen um sich.

wurde. Dennoch: Hier in der Fremde sind alle ohne Unterschied ausländische Einwanderer und in starkem Maße auf wechselseitige Unterstützung angewiesen.

Abgeschnitten von der Welt sind die modernen Feuerländer keineswegs; auch der ferne Süden ist an die globale Medienöffentlichkeit angeschlossen. Via Satellit können rund dreißig zumeist amerikanische Unterhaltungskanäle und der Nachrichtensender CNN empfangen werden. Vorwiegend lokale Nachrichten bringt Radio La Polar aus Punta Arenas. Jeden Abend um 19 Uhr geht *La Voz del Campo*, die «Stimme des Landes», auf Sendung. Es ist das beliebteste Programm der Radiostation kurz vor der Antarktis. «Miguel, komm schnell nach Hause, deine Mutter erwartet dich seit Stunden zu ihrem Geburtstagsfest», geht als Nachricht an die Estancia Camelón über den Äther, gefolgt von so lebenswichtigen Informationen wie zum Beispiel, welcher Arzt wann und wo Bereitschaftsdienst hat und auf welcher Estancia zurzeit die *comparsas*, die Wandertrupps der professionellen Schafscherer, im Einsatz sind.

Der erst 1830 entdeckte Beaglekanal ist ein großartiges Naturreservat. Seine windgeschützten Inseln bieten bedrohten Tierarten wie Albatrossen, Kormoranen und Seelöwen einen idealen Lebensraum.

Indianer, Missionare und Goldgräber

Wie ein Symbol äußerster Verlorenheit steht der rotweiß gestreifte Leuchtturm Faro les Eclaireurs, der Leuchtturm am Ende der Welt, auf einem Felseiland im Beaglekanal und weist den Schiffen den sicheren Weg in den Hafen von Ushuaia. In der Sprache der Ureinwohner bedeutete Ushuaia «Bucht in das Land nach Westen».

Windverformte Bäume: ein Wahrzeichen der rauen Natur Feuerlands (ganz oben).
Nach klaren Herbstnächten zaubert der erste Frost einen weißen Saum aus Eiskristallen auf die Pflanzen in einem Flusstal bei Harberton (oben).

Fortsetzung Seite 193

Sonntagspicknick am einsamen Lago Yehuin bei Río Grande. Feuerland ist so groß wie Dänemark, doch hier leben weniger Menschen als in Düsseldorf.

«Teufelsbart» nennen die Einheimischen die fransigen Flechten in den Wäldern von Zentralfeuerland.

Windjammer vor Topp und Takel

Kap Hoorn – stürmische Wendemarke der Seeschifffahrtsgeschichte

Etwa vierhundert Rahsegler waren während der Glanzzeit der Windjammer auf der Südamerika-Route im Dienst. Jahr für Jahr gingen vor Kap Hoorn sechs bis zwölf Schiffe mit Mann und Maus unter.

Als «Kap der Flüche» war das Felseiland an der sturmumtosten Südspitze Südamerikas in den vergangenen Jahrhunderten unter den Matrosen der Windjammer verschrien. 55°58'30" Grad südlicher Breite, das war lange Zeit die stürmischste Wendemarke der Seeschifffahrtsgeschichte. Fast ohne Unterlass heulen dort, wo Pazifik und Atlantik zusammentreffen, orkanartige Winde mit Stärken strecke auf der ganzen Welt). Tückische Klippen und Riffe, umhertreibende Eisberge und die kurze Tageshelligkeit in den Wintermonaten verschärften das Risiko noch, machten die See um Kap Hoorn zu einem nassen Schlachtfeld. Über drei Monate, mitunter sogar bis zu einem halben Jahr waren die Zwei- bis Fünfmaster von Europa zu den Häfen an der chilenischen Pazifikküste unterwegs. Allein

von elf bis zwölf. Die Winde südlich des 40. Breitengrades blasen zwar vorwiegend aus Westen, doch nicht selten wechseln sie von heute auf morgen ihre Richtung.

Für die Kapitäne und Mannschaften der Windjammer bedeutete Kap Hoorn «the toughest bit of sailing in any part of the world» (die härteste Segel-

die Umrundung von Kap Hoorn, vom 50. Breitengrad im Atlantik bis zum 50. Breitengrad im Pazifik, dauerte meist zwei bis drei Wochen, und das war noch eine gute Zeit. Der Hamburger Großsegler Susanna stampfte 1905 sage und schreibe 99 Tage lang gegen eisigen Sturmwind und haushohe Brecher an, bis er endlich den Stillen Ozean erreicht hatte. Tausende von Seeleuten verloren vor

Kap Hoorn ihr Leben. Achthundert Wracks, deren Masten vielerorts bei Ebbe aus dem Wasser ragen, zeugen als größter Schiffsfriedhof der Welt von den erbitterten Kämpfen gegen die raue patagonische Natur, die der Mensch immer wieder verloren hat.

Der Niederländer Cornelius van Schouten war 1616 der erste Seefahrer, der die berühmte Felsspitze am Ende der Welt umrundete und sie nach seiner Heimatstadt Hoorn taufte. Drei Jahrhunderte währte die Glanzzeit der Rahsegler, dieser anmutigen Windjammer mit Hunderten von Quadratmetern Segeltuch, grazilen Masten und einer auf äußerste Funktionalität getrimmten Takelage, die dem Laien jedoch wie ein verknäulter Wust aus Hanftauwerk erscheint. Heute kreuzen noch etwa hundert dieser historischen Segler auf den sieben Weltmeeren, während zu Anfang des 20. Jahrhunderts vor Beginn der Dampfschifffahrt noch etwa fünftausend Großsegelschiffe in Dienst waren – vierhundert von ihnen allein auf der berüchtigten Route um Kap Hoorn.

Das Ende der «Kap Hoorniers», der Bruderschaft der Kapitäne auf großer Fahrt um Kap Hoorn, leitete am 15. August 1914 die Eröffnung des Panamakanals als neue Ost-West-Route in den Pazifik ein.

Albatrosse waren die ständigen Begleiter der «Kap Hoorniers», der Kapitäne auf großer Fahrt um das sturmumtoste Kap Hoorn.

War der Weg von Hamburg nach San Francisco rund um Kap Hoorn zuvor eine 12 850 Seemeilen lange Tortur gewesen, so verkürzte die 81 Kilometer lange künstliche Wasserstraße durch den Isthmus von Mittelamerika die Reise auf etwa die Hälfte der Strecke. Im Januar 1919 ankerten noch drei Schiffe pro Tag im Hafen von Punta Arenas; zehn Jahre später verirrten sich nur noch drei Schiffe im Monat in die patagonischen Breiten. Heute umrunden Kap Hoorn nur noch Schulsegelschiffe. Doch der Mythos dieses südlichen Seeweges um das Land am Ende der Welt lebt weiter.

Matrosen in schwindelerregender Höhe über Deck: Orkanartige Stürme, die berühmt-berüchtigten «Roaring Forties», und haushohe Wellen machten die Umrundung von Kap Hoorn zu einem Wagnis auf Leben und Tod. Tausende von Seeleuten verloren bei dem nassen Kampf ihr Leben.

Am Ufer der Magellanstraße verrottet ein Fischkutter der einst einflussreichen Familie Menéndez.

Die 40 000-Einwohner-Stadt, die in den letzten Jahren einen erstaunlichen Boom erlebte, war noch vor drei Generationen nicht mehr als eine Brettersiedlung anglikanischer Missionare, die 1869 begannen, die Feuerlandindianer zum christlichen Glauben zu bekehren. Jahrhundertelang hatten die Stämme der Yamana, Ona, Alacaluf und Aush in friedlicher Koexistenz auf Feuerland gelebt. Doch die «mörderische koloniale Dreifaltigkeit» – Bibel, Schnaps und Karabiner – brachte die Ureinwohner innerhalb kurzer Zeit grausam um Land und Leben. Die Feuer der Yamana sind für immer erloschen.

Ende des vorigen Jahrhunderts noch eine Strafkolonie, ist Ushuaia heute eine boomende Industriestadt und das touristische Zentrum von Feuerland.

Die Schafzucht ist nach wie vor die wichtigste wirtschaftliche Einnahmequelle auf Feuerland. Für die knapp 30 000 Schafe der Estancia Viamonte, eine der großen Farmen an der Atlantikküste, sind gerade einmal 15 festangestellte Gauchos zuständig, die zur Zeit der Schafschur im Frühjahr von Saisonarbeitern unterstützt werden.

Keine Chance geben die Estancieros der Krätzmilbe, die den Schafen das Leben zur Qual machen kann. Regelmäßig werden die Tiere desinfiziert.

Sie hätten uns vermutlich viel zu sagen gehabt, denn sie waren uns in ihrer friedlichen Art, miteinander und im Einklang mit der Natur zu leben, weit voraus.

Ushuaia diente später als Marinestützpunkt und ausbruchsichere Strafkolonie. Ein Name ist eng mit der frühen Geschichte der Stadt verbunden: Thomas Bridges. Der anglikanische Reverend, 1843 geboren, kam als Kind in den Süden Patagoniens und lernte als einer der wenigen Europäer die Sprache der Yamana. Sechzehn Jahre lang setzte er sich als einziger Weißer auf Feuerland für das Überleben der Ureinwohner ein. Doch 1884 landeten vier Schiffe der argentinischen Marine auf Feuerland, um den Anspruch ihres Landes auf das Gebiet zwischen Magellanstraße und Kap Hoorn zu unterstreichen. Die Soldaten schleppten Viren ein, gegen die viele Ureinwohner keine Widerstandskräfte besaßen – sie starben schneller, als Gräber für sie ausgehoben werden konnten.

Die Estancia Harberton am Beaglekanal erinnert an Bridges' zweiten Versuch, den letzten Ureinwohnern Feuerlands zu helfen. Vor den Toren von Ushuaia wollte er eine Gruppe der Yamana schrittweise auf die Konfrontation mit der Zivilisation der Weißen vorbereiten. Doch die anglikanische Kirche hatte Bridges nur unterstützt, solange die geistliche Lehre im Vordergrund seiner Arbeit stand. Der Reverend brach daraufhin mit der South American Missionary Society und verwirklichte sein Projekt in Zusammenarbeit mit der argentinischen Regierung, die ihm ein Stück Land für die Gründung der neuen

Siedlung Harberton zur Verfügung stellte. Vergeblich: Der letzte Yamana ist 1977 in Ushuaia auf der Treppe des Sozialamts erfroren.

Den Missionaren und Marinesoldaten folgten Strafgefangene, Robbenjäger und – Goldgräber. 1885 war das begehrte Edelmetall erstmals am Cabo de Virgenes an der Ostküste von Feuerland entdeckt worden. In der Hoffnung auf den schnellen Reichtum strömten Glücksritter aus aller Herren Länder auf die Insel am Ende der Welt. Berühmt-berüchtigt – nicht nur unter den Goldgräbern – war Julio Popper, ein ebenso raffgieriger wie einfallsreicher Rumäne, der auf der Halbinsel El Parámo ein ganzes Heer von zwielichtigen Gestalten um sich scharte. «Goldernter» nannte der despotische Popper, ein studierter Ingenieur, eine eigens von ihm zur Goldwäsche konstruierte Apparatur, die mit Ebbe und Flut arbeitete. Ob Wahrheit oder Legende – über ganz Feuerland soll er schließlich ein Netz von Schürfstellen verteilt haben. Der Goldsucher wurde so mächtig, dass er sein Konterfei auf Briefmarken drucken ließ und eine eigene Polizeitruppe beschäftigte.

Im Achterbahnflug über Kap Hoorn

Puerto Williams auf der chilenischen Feuerlandinsel Navarino ist der äußerste Vorposten der Zivilisation. Das 2000-Seelen-Dorf wurde erst 1953 als chilenische Militärbasis gegründet.

Hier legen die kleinen Propellermaschinen der Aerovías DAP auf ihrem Flug nach Kap Hoorn einen Tankstopp ein. Röhrend nimmt die zweimotorige Twin Otter mit Platz für zwanzig Passagiere Anlauf auf der kurzen Betonbahn, gibt Vollgas und schraubt sich in einer Steilkurve durch ein enges Tal über die Berge der Insel. Aus der Luft sieht Feuerland wie ein Labyrinth aus Wäldern, Seen, mäandrierenden Flüssen und tiefen Fjorden aus, überragt von der vereisten Darwin-Kordillere im Westen, dem letzten Ausläufer der Anden. Heftiger Regen prasselt gegen die Scheiben und böiger Wind drückt die Maschine wie auf einer Achterbahnfahrt hinauf und hinunter. Unter den Tragflächen reihen sich die von Bibern gestauten Seen und Hochmoore zu einer dantesken Landschaft. Im Niedrigflug rast das Flugzeug auf Kap Hoorn zu, kurvt in 100 Fuß Höhe über die graue Felsnase und zieht hoch. «Vom Wetter her», ruft mir Luis Utman, der dienstälteste Pilot der Aerovías DAP, aus dem Cockpit zu, «ist die Fliegerei hier noch eine echte Herausforderung. Wenn der Wind kommt, sprich besser dein vielleicht letztes Gebet.» Sein schwarzer Humor gehört wohl zur Lebensphilosophie eines Fliegers, der 10 000 Flugstunden über Feuerland und der Antarktis unfallfrei im Einsatz ist.

Beinahe so groß wie ein Dorf: die traditionsreiche Estancia Viamonte im Süden von Río Grande.

Register

Kursive Ziffern verweisen auf Abbildungen.

PERSONENREGISTER

ORTS- UND SACHREGISTER

Bild- und Textnachweis · Impressum

Bildnachweis

Kurt Albert, Streitberg: S. 112/113 (5)
Giulio Andreini, I-Siena: S. 32 o. 2. v. l., 33 o. r. (2), 140 o.
Archiv für Kunst und Geschichte, Berlin: S. 23 o. r. (2), 34 M. (3), 34/35, 35 o. r., 36/37 (4)
Yann Arthus-Bertrand/Schuster, Oberursel: S. 41
C.J. Bucher Verlag Archiv, München: S. 190 (2), 191 r. o., r. M. und u.
Bruce Chatwin, © 1981 by Rowohlt Verlag, Reinbek bei Hamburg: S. 108 u. (2), 109 u. (2)
Mary Evans Picture Library, GB-London: S. 35 u. r.
Martin Gusinde/ Anthropos, Sankt Augustin: S. 22/23, 24/25 (6)
Manfred Horvath/Anzenberger, A-Wien: S. 30 o. l.
IFA-Bilderteam, München: S. 34 o. l., 190/191 o.
Joe Klausner, A-Ramsau/Zillertal: S. 18 M. l.
Klaus Kolodzyck über Horst Wiendl, Hattersheim: S. 17 u. r.
Harald Lange, Bad Lausick: S. 19 u.
Armin Maywald/Greenpeace, Hamburg: S. 162 o. l. und M. r.
Okapia, Frankfurt/M.: S. 19 M.
Chris Sattlberger/Anzenberger, A-Wien: S. 33 u.
StockFood, München: S. 32 l. u.
Martin Thomas, Aachen: S. 50 o. r. und u., 51 (3), 60
Ullstein Bilderdienst, Berlin: S. 176/177 (5)
Horst Wiendl, Hattersheim: S. 16 o. l., 22 o. l. (3) und u.

Alle anderen Fotos stammen von Hubert Stadler, Fürstenfeldbruck.

Wir danken dem Georg Westermann Verlag, Braunschweig, für die freundliche Genehmigung, die Patagonien-Karte aus dem «Rand McNally Internationaler Atlas», © by Rand McNally & Co., abdrucken zu dürfen.

Das Bild auf Seite 1 zeigt Gauchos bei Esquel, die Aufnahme auf Seite 2/3 wurde in der Nähe von Bajo Caracoles gemacht.

Textnachweis

Bruce Chatwin: In Patagonien, © Rowohlt Verlag, Reinbek bei Hamburg 1984, S.108 ff.

Weitere Quellen:
Charles Darwin: The Voyage of the Beagle/Die Fahrt der Beagle 1831-1836; Autobiography/Autobiografie, 1887
Hermann Melville: Moby Dick, 1851
Paul Theroux: The Od Patagonian Express/Der alte Patagonien-Express, 1979

Alle Angaben dieses Bandes wurden vom Autor sorgfältig recherchiert und vom Verlag geprüft. Für die Richtigkeit der Informationen kann dennoch keine Haftung übernommen werden. Für Hinweise und Anregungen sind wirjederzeit dankbar. Bitte richten Sie diese an:

C.J. Bucher Verlag/
Produktmanagement
Postfach 40 02 09
80702 München
E-Mail: lektorat@bucher-verlag.de

Impressum

Bildgestaltung und Produktmanagement: Joachim Hellmuth
Grafische Gestaltung: Werner Poll, München
Herstellung: Bettina Schippel
Lithografie: Omnia Scanners, Milano; Repro Ludwig Prepress & Multimedia, Zell am See
Printed by Egedsa in Spain

Die Deutsche Nationalbibliothek – CIP-Einheitsaufnahme
Ein Titelsatz für diese Publikation ist bei der Deutschen Nationalbibliothek erhältlich.

Aktualisierte Neuauflage 2008

ISBN 978-3-7658-1583-6

Unser komplettes Programm:
www.bucher-verlag.de

Weitere Fernwehbücher ...

China
Der Drache erwacht
200 Seiten, etwa 320 Abb.,
ISBN 978-3-7658-1520-1
Bestell-Nr. 81520

Die Farben der Tropen
Garten Eden am Äquator
176 Seiten, etwa 250 Abb.,
ISBN 978-3-7658-1580-5
Bestell-Nr. 81580

Kunstwerk Erde
Bilder vom Himmel
300 Seiten, etwa 300 Abb.,
ISBN 978-3-7658-1606-2
Bestell-Nr. 81606

Kalahari
Wildes Afrika
200 Seiten, etwa 300 Abb.,
ISBN 978-3-7658-1592-8
Bestell-Nr. 81592

Planet der Wälder
Die grünen Paradiese der Erde
208 Seiten, etwa 330 Abb.,
ISBN 978-3-7658-1668-0
Bestell-Nr. 81668

Das komplette Programm finden Sie unter www.bucher-verlag.de BUCHER